1,000,000 Books
are available to read at

www.ForgottenBooks.com

Read online
Download PDF
Purchase in print

ISBN 978-0-483-93299-9
PIBN 10985408

This book is a reproduction of an important historical work. Forgotten Books uses state-of-the-art technology to digitally reconstruct the work, preserving the original format whilst repairing imperfections present in the aged copy. In rare cases, an imperfection in the original, such as a blemish or missing page, may be replicated in our edition. We do, however, repair the vast majority of imperfections successfully; any imperfections that remain are intentionally left to preserve the state of such historical works.

Forgotten Books is a registered trademark of FB &c Ltd.
Copyright © 2018 FB &c Ltd.
FB &c Ltd, Dalton House, 60 Windsor Avenue, London, SW19 2RR.
Company number 08720141. Registered in England and Wales.

For support please visit www.forgottenbooks.com

1 MONTH OF FREE READING

at

www.ForgottenBooks.com

By purchasing this book you are eligible for one month membership to ForgottenBooks.com, giving you unlimited access to our entire collection of over 1,000,000 titles via our web site and mobile apps.

To claim your free month visit:

www.forgottenbooks.com/free985408

* Offer is valid for 45 days from date of purchase. Terms and conditions apply.

English
Français
Deutsche
Italiano
Español
Português

www.forgottenbooks.com

Mythology Photography **Fiction**
Fishing Christianity **Art** Cooking
Essays **Buddhism** Freemasonry
Medicine **Biology** Music **Ancient Egypt** Evolution Carpentry Physics
Dance Geology **Mathematics** Fitness
Shakespeare **Folklore** Yoga Marketing
Confidence Immortality Biographies
Poetry **Psychology** Witchcraft
Electronics Chemistry History **Law**
Accounting **Philosophy** Anthropology
Alchemy Drama Quantum Mechanics
Atheism Sexual Health **Ancient History**
Entrepreneurship Languages Sport
Paleontology Needlework Islam
Metaphysics Investment Archaeology
Parenting Statistics Criminology
Motivational

Die Psychoneurosen
und
ihre psychische Behandlung.

Vorlesungen gehalten an der Universität Bern

von

Dr. Paul Dubois
a. o. Professor für Neuropathologie.

Übersetzt von Dr. med. Ringier in Kirchdorf bei Bern.

Vorwort
von
D. Déjerine
Professor an der medizinischen Fakultät und Arzt der Salpêtrière in Paris.

Bern.
Verlag von A. Francke, vorm. Schmid & Francke.

LANE MEDICAL LIBRARY
300 PASTEUR DRIVE
PALO ALTO, CALIF. 94304

The Hoisholt
Psychiatric Library

Die Psychoneurosen
und
ihre psychische Behandlung.

Vorlesungen gehalten an der Universität Bern
von
Dr. Paul Dubois
a. o. Professor für Neuropathologie.

Übersetzt von Dr. med. **Ringier** in Kirchdorf bei Bern.

Vorrede
von
D. Déjerine
Professor an der medizinischen Fakultät und Arzt der Salpêtrière in Paris.

Bern.
Verlag von A. Francke, vorm. Schmid & Francke.
1905.

Inhaltsübersicht.

Erste Vorlesung.

Die moderne Medizin. — *Virchow, Pasteur, Lister.* — Der Geist der Medizin vor dreissig Jahren. — Fortschritte auf dem Gebiete der Chirurgie und Bakteriologie. — Neue Richtung der medizinischen Ansichten. — Die Neurosen geraten in Vergessenheit. — Hysterie; *Briquet, Charcot.* — Die Schule von Nancy und der Hypnotismus. — Die Neurasthenie und ihr Vorkommen bei den früheren Generationen.

Zweite Vorlesung.

Klassifikation der Neurosen. — Psychoneurosen oder Nervosität. — Psychischer Ursprung der Nervosität. — Tendenz, ihr körperliche Ursachen unterzuschieben. — Missbrauch mit der physikalischen und medikamentösen Behandlung. — Armut der gegenwärtigen Psychotherapie. — Mischung von praktischem Materialismus und doktrinärem Spiritualismus. — Hindernisse der Entwicklung der Psychotherapie.

Dritte Vorlesung.

Rationelle Grundlage der Psychotherapie. — Bildung der Vernunft. — Dualistischer Spiritualismus. — Psychophysische Wechselbeziehungen. — **Mgr. d'Hulst.** — Verschiedene Ansichten über das Kausalitätsverhältnis zwischen Geist und Körper. — Praktische Philosophie auf Grund der biologischen Beobachtung. — Wichtigkeit der Probleme von der Freiheit, dem Willen und der Verantwortlichkeit.

Vierte Vorlesung.

Das Problem von der Freiheit. — Determinismus. — *Flournoy; Ernest Naville.* — Imperativer Charakter der Gründe zum Handeln. — Populäre und philosophische Auffassung von der Freiheit. — Unsere Abhängigkeit von unserer angebornen und orworbenen Geistesanlage. — Psychische Orthopädie. — Wertlosigkeit des Begriffs: Wille.

Fünfte Vorlesung.

Absolute Verantwortlichkeit. — Soziale und moralische Verantwortlichkeit. — Unabhängige Moral, deren Führerin die Vernunft ist. — Stufenweise Entwicklung der moralischen Gefühle. — Moralisches Gewissen. — Gemeinsames Trachten nach dem Höchsten bei Gläubigen und bei Freidenkern. Das Suchen des Glückes; dasselbe hängt von unserem angebornen oder erworbenen Charakter ab. — Charakterfehler oder Geisteskrankheit?

Sechste Vorlesung.

Schwierigkeiten der psychischen Orthopädie. — Das Verbrechertum. — Die Anhänger der absoluten Verantwortlichkeit und die Deterministen bleiben in der Theorie unversöhnliche Gegner. — In praxi ist ein Kompromiss möglich. — Notwendigkeit einer solchen Verständigung. — Die Rolle der menschlichen Gerechtigkeit. — Erzieherisches Ziel bei der Unterdrückung von Verbrechen. — Dringlich wünschbare Reformen der Strafmassregeln.

Siebente Vorlesung.

Monistischer Lehrbegriff. — Passivität des Organismus. — Mangel an eigentlicher Spontaneität. — Reflexmechanismus. — Die Psychologie ist im Grunde nur ein Kapitel der Biologie. — Einschaltung der Bewusstseinserscheinungen in den Reflexbogen. — Die Zustände der Seele haben immer ein materielles Substrat. — Ideogene und somatogene Entstehungsweise der Seelenzustände. — Der gegenseitige Einfluss, welchen Psychisches und Physisches auf einander ausüben. — Die Möglichkeit, auf physischem Wege und durch psychischen Einfluss auf die Seelenzustände einzuwirken; grosse Erfolge des letzteren.

Achte Vorlesung.

Unfreiheit des Geistes bei gewissen Krankheiten: allgemeine Paralyse, Meningitiden, Epilepsien, Intoxikationen. — Die Möglichkeit, sich dieser Sklaverei mehr oder weniger durch die Erziehung des ethischen Ich zu entziehen. — *Pinel*; kurative Wirkung der logischen Reflexionsarbeit. — Schwierigkeit der Psychotherapie bei den Wahnsinnsformen; ihr Erfolg bei den Psychoneurosen. — Notwendigkeit klarer Begriffe in betreff der Entstehungsweise dieser Krankheiten. — Grosse Bedeutung der Psychotherapie auf allen Gebieten der Medizin.

Neunte Vorlesung.

Psychische Symptome der Nervosität. — Psychischer Ursprung der funktionellen Störungen. — Alle organischen Krankheiten haben in der Nervosität ihren Doppelgänger. — Das für Nervenkranke charakteristische Merkmal sind nicht ihre Leiden, sondern ihr geistiger Zustand. — Geistige Merkmale: erhöhte Suggestibilität, Ermüdbarkeit, Empfindlichkeit und Gemütserregbarkeit. — Suggestion und Ueberredung. — Suggestibilität im normalen Zustande.

Zehnte Vorlesung.

Ermüdbarkeit. — Muskelermüdung; ihr Sitz. — Geistesstörungen infolge von Muskelermüdung; *Tissié*, *Féré*. — Psychisches Element der Ermüdung. — Ermüdungsbewusstsein. — Ermüdung des Gehirns. — Ergographische Kurven. — Wirkliche Ermüdung und Ermüdung im gewöhnlichen Sinn. — Dynamogenie und Dynamophanie. — Wichtigkeit dieser Begriffe für Ärzte und Erzieher.

Elfte Vorlesung.

Die Sensibilität ist die Hauptbedingung jeder physiologischen Tätigkeit. — Der Sinneseindruck und sein psychischer Charakter. — Beständiger Einfluss des Gedankens und der Autosuggestionen auf unsere verschiedenartige Empfindlichkeit gegenüber gewissen physikalischen Agentien, als: Luft, Barometerstand, Temperatur, Elektrizität, Licht, Nahrung.

Zwölfte Vorlesung.

Gemütserregbarkeit. — Physiologische Theorie; *Lange, W. James, Sergi.* — Intellektuelle Theorie. — Intellektuelle Ideen sind kalt, Gefühle warm. — Halbbewusste Gemütsbewegungen; scheinbarer Automatismus der emotionellen Reaktion. — Psychische Quelle der Gemütsbewegung; Wert dieser Auffassungsweise für die Behandlung. — Irrationalismus der Nervenkranken. — Physische, intellektuelle und emotionelle Ermüdung; Gefahren der letztgenannten. — Krankhafte Empfänglichkeit für Eindrücke. — Temperament und Charakter.

Dreizehnte Vorlesung.

Psychische Asthenie der Nervenkranken; dieselbe ist angeboren, nicht erworben. — Das Fehlen scharfer Grenzen zwischen dem normalen Geisteszustand und der Verrücktheit. — Klinische Formen der Psychoneurosen. — Neurasthenie; ihr charakteristisches Merkmal ist: physische und psychische Ermüdbarkeit. — Übertreibungen; Widersprüche, welche den wahren Sachverhalt verraten. — Häufiger Stimmungswechsel. — Körperliche Symptome, auf der Ermüdung beruhend.

Vierzehnte Vorlesung.

Hysterie. — Ihr charakteristisches Kennzeichen ist die Autosuggestibilität. — Leidenschaftliches Geberdenspiel. — Natürliche Prädisposition. — Weiblicher und kindischer Gemütszustand. — Hysteroneurasthenie. — Traumatische Formen. — Anästhesien. — Hysterisches Fieber.

Fünfzehnte Vorlesung.

Melancholie. — Selbstmordgefahr. — Hypochondrie; ihre leichten Formen grenzen nahe an Neurasthenie. — Unzulänglichkeit der nosographischen Klassifikationen. — Hypochondrische Melancholie. — Leichte Hypochonder. — Periodische Depression nach *Lange.*

Sechzehnte Vorlesung.

Begriff der Entartung; *Morel, Magnan.* — Geistige und körperliche Kennzeichen. — Missbräuchliche Anwendung des Begriffs der Entartung. — Menschliche Unvollkommenheiten; physische, intellektuelle und ethische Bildungsfehler. — Verwandtschaft der verschiedenen Zustände von gestörtem geistigem Gleichgewicht. — Vereinzelte nervöse Symptome.

Siebenzehnte Vorlesung.

Therapie der Psychoneurosen. — Beseitigung der vorhandenen Störungen. — Zur Verhütung von Rezidiven muss das geistige Ich des Kranken modifiziert werden. — Religiöser Glaube; marktschreierische, medikamentöse und wissenschaftliche Suggestion; Hypnose.

Achtzehnte Vorlesung.

Rationelle Psychotherapie. — Ihre Wirksamkeit auf allen Gebieten der Medizin. — Notwendigkeit, dem Kranken die Zuversicht auf seine Heilung beizubringen. — Blinder Glaube und vernünftiger Glaube. — Der Heilungsgedanke muss beständig und unermüdlich befestigt werden. — Organische Komplikationen. — Verkehrte Suggestionen. — Notwendigkeit einer Umstimmung des Seelenzustandes bei dem Kranken. — Günstige Bedingungen für die Erreichung dieses Zweckes.

Neunzehnte Vorlesung.

Die *Weir Mitchell*'sche Kur; notwendige Modifikationen derselben, um ihr die rechte Wirksamkeit zu sichern. — Zweckmässigkeit der einzelnen Massregeln: Bettruhe, Überernährung, Isolierung. — Wichtigkeit des psychischen Faktors. — Die Behandlung der Psychoneurosen muss in einer psychotherapeutischen Kur bestehen, durchgeführt unter den günstigen Bedingungen der Ruhe, der Überernährung und der Isolierung. — Beispiele solcher seelischer Behandlung.

Zwanzigste Vorlesung.

Verschiedene Symptome der Nervosität. — Verdauungsstörungen; ihre Häufigkeit. — Appetitlosigkeit auf psychischer Grundlage; Ekelempfindungen; Gefühl des Zusammengeschnürtseins und der Blödigkeit. — Anregung des Appetits durch psychische Mittel. — Gastrische Dyspepsie; ihre Entstehungsart und ihre Verschlimmerung durch Autosuggestionen. — Gastrische Störungen bei den Wahnsinnigen und bei Gehirnaffektionen. — *Broussais*; *Barras*. — Leichte Diagnose der nervösen Dyspepsie.

Einundzwanzigste Vorlesung.

Mein Kurverfahren bei Dyspeptischen. — Ruhe; Isolierung; einleitende Milchkur; roborierende Überernährung; Massage; Wert dieser verschiedenen Massregeln. — Notwendigkeit, den Gehorsam durch Überredung zu erzwingen. — Kurerfolge; Beispiele.

Zweiundzwanzigste Vorlesung.

Einfluss der geistigen Vorstellungen auf den Darmtraktus; missbräuchliche Anwendung des Wortes Enteritis. — Diarrhoe, auf Gemütsbewegung beruhend; diese psychische Erregbarkeit muss durchaus bekämpft werden. — Fixierung des Denkens auf die Darmstörung; üble Folgen derselben. — Physiologische Experimente; *Pawlow*, *Kronecker*. — Colitis muco-membranacea; ihre häufigste Ursache ist habituelle Stuhlverstopfung.

Dreiundzwanzigste Vorlesung.

Habituelle Stuhlverstopfung. — Nutzlosigkeit der Laxantien. — Wirksame Behandlung durch Dressur. — Einfluss der Gewohnheit. — Übersicht der Vorschriften zur Wiederherstellung der Darmfunktion. — Suggestiver Einfluss. — Zur Psychologie der der Verstopfung unterworfenen Kranken.

Vierundzwanzigste Vorlesung.

Zirkulationsstörungen. — Emotionelle Tachycardie. — *Basedow*'sche Symptome. — Permanente Tachycardie; ihr Vorkommen bei Tuberkulösen. — Arythmie; aussetzender Puls; accidentelle Herzgeräusche. — Beseitigung der Herzstörungen durch die Psychotherapie. — Nervöse Dyspnoë; Krampfhusten; Stottern. — Nervöse oder hysterische Aphonie; Mutismus.

Fünfundzwanzigste Vorlesung.

Funktionstörungen der Harnorgane. — Urinretention; Phobien. — Incontinentia nocturna. — Polyurie. — Pollakiurie. — Qualitative Veränderungen des Urins. — Störungen des sexuellen Lebens; ihr häufiges Vorkommen bei den Psychoneurosen. — Psychopathia sexualis. — Onanie; Exzesse in Venere; ihr physischer und psychischer Einfluss. — Menstruation; menstruale Psychosen. — Die Nervosität des Klimakteriums; kritisches Alter. — Die Möglichkeit psychotherapeutischen Einschreitens bei diesen verschiedenartigen Zuständen.

Sechsundzwanzigste Vorlesung.

Störungen des Schlafes; Schlaflosigkeit. — Nutzlosigkeit und Gefährlichkeit der narkotischen Mittel. — Unzulänglichkeit der Badeprozeduren. — Wirksamkeit der Psychotherapie. — Ursachen der Schlaflosigkeit; physische: allzu lebhafte Sinneseindrücke, Intoxikationen und Autointoxikationen; psychische: Präokkupationen verschiedener Art. — Aufregende Anstrengungen, den Schlaf wieder zu finden. — Psychotherapeutische Kniffe. — Schaffung eines für den Schlaf günstigen Seelenzustandes. — Missbrauch mit den medikamentösen und hydrotherapeutischen Behandlungsmethoden.

Siebenundzwanzigste Vorlesung.

Verschiedene nervöse Krisen; ihre gewöhnliche Behandlungsweise mittelst Antispasmodicis, Hydrotherapie u. s. w. — Vorzüge der psychischen Behandlung. — Plötzliches Aufhören der Krisen als Folge von Wechsel der Umgebung. — Bei der Hysterie ist alles psychisch und muss die Behandlung eine rein psychische sein. — Möglichkeit von Misserfolgen; Fortdauern der hysterischen Anlage. — Psychische Heilungshindernisse; Widerspruchsgeist; Eigenliebe. — Einige Worte über die traumatische Hysterie.

Achtundzwanzigste Vorlesung.

Störungen der Motilität; Krämpfe, Tics, Myoklonien. — Einfluss der Vorstellungen. — Professionelle Krämpfe; Einfluss der Geniertheit und Schüchternheit. — Tics; *Charcot, Brissaud, Meige* und *Feindel*. — Psychomotorische Disziplin, Kinesitherapie und Psychotherapie. — Vorzüge einer reinen Psychotherapie in Fällen, wo die Furcht vorherrscht.

Neunundzwanzigste Vorlesung.

Verschiedene motorische Schwächezustände; ihr psychischer Ursprung. — Hysterische Paraplegie und Astasie-Abasie. — Symptome von Stasophobie und Basophobie im Verlauf anderer Psychoneurosen. — Ein Beispiel von Heilung durch reine Psychotherapie.

Dreissigste Vorlesung.

Beispiel von psychischer Behandlung in einem Fall von Psychoneurose mit multiplen Krankheitserscheinungen. — Nervöse Algien; Heilung durch Suggestion. — Wert einer direkten Psychotherapie. — Nutzbarmachung der stoischen Lehre; *Seneca*. — Ein Fall von Becken-Neuralgie, mit Heilung durch diese Methoden.

Einunddreissigste Vorlesung.

Analyse eines Falles von Hysterie mit multiplen Symptomen. — Unheilvoller Einfluss eines zaudernden Vorgehens in der Diagnose und einer lokal bleibenden Behandlung. — Nur eine freimütige, direkte Psychotherapie macht der Odyssee der Kranken ein Ende. — Neue Fortschritte der Psychotherapie. — *Buttersack* in Berlin. — Die Arbeiten von *Dr. P. E. Lévy* in Paris: Erziehung des Willens. — Notwendigkeit, die Psychotherapie noch zu vervollkommnen.

Zweiunddreissigste Vorlesung.

Beweise von dem grossen Wert der psychischen Behandlung bei den Psychoneurosen; Modifikationen des Gemütszustandes als Folge eines erteilten Rates. — Erzählung eines Falles von Psychoneurose, der einer physischen und einer psychischen Kur widerstanden hatte und von einem Tag zum andern durch einen psychischen Einfluss geheilt wurde. — Verschiedene Fälle von Nervosität, in welchen die Heilung ohne physikalische Mittel, durch Psychotherapie im Verlaufe einiger Unterredungen erzielt wurde.

Dreiunddreissigste Vorlesung.

Psychotherapeutische Kuren ohne Mitwirkung von physikalischen Massregeln. — Ein Fall von Neurasthenie mit melancholischem Gepräge; Heilung; Rezidive. — Fall von Psychoneurose; Unterdrückung aller Zwangsgedanken und Impulse durch einige Unterredungen. — Unheilbarkeit gewisser Psychoneurosen. — Geistige Eigentümlichkeiten, welche von vornherein auf einen Misserfolg schliessen lassen; moralisches Irresein. — Störungen der affektiven Gefühle bei den Psychoneurosen.

Vierunddreissigste Vorlesung.

Ätiologie der Psychoneurosen; gleiche Ursachen wie bei der Verrücktheit. Definition der Nervosität, Prädisposition, Erblichkeit, Angeborenheit. — Beziehungen der Nervosität zur körperlichen Schwäche, zur Anämie, zur arthritischen oder herpetischen Diathese; zur Cholämie. — Rein somatischer Ursprung gewisser Psychoneurosen. — Vorzüge einer beharrlichen Psychotherapie; Notwendigkeit, dieselbe rationell zu gestalten.

Fünfunddreissigste Vorlesung.

Schlussfolgerungen. Ausblick auf die Medizin des XX. Jahrhunderts. Chirurgie, Innere Medizin. — Medikamentöse Therapie; Physikalische Therapie. Psychotherapie; sie ist unentbehrlich im Kampfe gegen die Psychoneurosen. — Die Vorschriften der physikalischen, intellektuellen und ethischen Hygiene.

Vorrede.

Das vorliegende Werk von Prof. *Dubois* entstammt der Feder eines Mannes, dessen Doppelstellung als Arzt und Psychologe ihn schon seit geraumer Zeit die hervorragende Rolle hat erkennen lassen, welche bei der Behandlung der Neurosen der Psychotherapie zufällt. Gebührt doch *Dubois* das Verdienst, schon zu einer Zeit, wo man — trotz der Arbeiten eines *Pinel* und eines *Lasègue* über die Notwendigkeit einer moralischen Behandlung von psychopathischen Individuen — hartnäckig auf die ausschliesslich physische Therapie der Neurosen versessen war, durch eine Reihe von Publikationen auf die dominierende, ja einzig richtige Rolle hingewiesen zu haben, welche bei der Behandlung der Psychoneurosen der — wenn ich so sagen darf — psychischen Pädagogik, d. h. der Wiedererziehung der Vernunft, beizumessen ist. So ist *Dubois* der erste gewesen, der seine ganze Therapie mit allem Nachdruck auf jenem leitenden Grundgedanken aufgebaut hat.

Wir begegnen in diesen Vorträgen neben den interessantesten psychologischen Betrachtungen einem orientierenden Bericht über die dem Verfasser geläufigsten psychotherapeutischen Methoden; wir finden darin prächtige, eines Philosophen oder Moralisten würdige Stellen, deren Lektüre sich allen denjenigen — seien es Kranke oder Ärzte — empfiehlt, denen die Kenntnis der Entstehungs-, Entwicklungs- und Heilungsart der Psychoneurosen ein Bedürfnis ist. Was aber aus der Lektüre dieses Buches herauszufühlen ist, das ist die Überzeugungstreue des Verfassers, auf welche füglich das Wort des alten *Montaigne* Anwendung findet: *„Cecy est un livre de bonne foy"*.

Es gereicht mir zu um so grösserem Vergnügen, dieses Werk bei dem französisch sprechenden ärztlichen Publikum einzuführen, als der Verfasser ein alter Freund von mir ist. Und wenn ich dem Buche den Erfolg wünsche, den dasselbe wirklich verdient, so lasse ich damit nur dem Werke eines Mannes Gerechtigkeit widerfahren, dessen Talent ich nicht weniger hochschätze, als seinen Charakter.

Paris, im März 1904.

J. Déjerine.

Vorwort des Verfassers.

Vor einigen Jahren erhielt ich von einem jungen französichen Arzte einen Brief, dem ich wörtlich folgenden Passus entnehme:

„Die Heilung des Herrn N. N. hat in der ärztlichen Welt von X. Aufsehen erregt. Jedermann weiss zwar, dass die Neurasthenie weitaus in den meisten Fällen eine heilbare Affektion ist, aber jedermann weiss auch, dass die zur Erzielung eines vollständigen Heilerfolges in Betracht fallenden Mittel nicht allen zu Gebote stehen. Der Fall des Herrn N. N. war kein leichter, und viele willensstarke Männer aus meinen Bekanntenkreisen hatten bereits ohne Erfolg an dessen Wiederherstellung gearbeitet."

Zum Schlusse bat mich jener Kollege um Rat darüber, wie er es anfangen solle, um in seiner eben erst begonnenen Praxis zu ähnlichen Resultaten zu gelangen.

Meine Antwort war ein langer Brief, worin ich mir alle Mühe gab, die charakteristischen Punkte meiner psychischen Behandlungsmethode klar zu beleuchten. Dabei konnte ich aber nicht umhin, meinen Kollegen auf die Unmöglichkeit hinzuweisen, auf diese Weise (d. h. in Briefform) die während mehr als 20 Jahren gesammelten Erfahrungen in der speziellen Behandlung von Neurosen resümieren zu können. In intimen Privatgesprächen freilich war ihm Gelegenheit geboten, meine Ansichten genügend kennen zu lernen, um sie späterhin praktisch zu verwerten.

Von anderer Seite haben intelligente Patienten, sowie näher mit mir befreundete Kollegen mir wiederholt den Wunsch geäussert, meine ihnen mündlich gemachten Mitteilungen einmal schwarz auf weiss vor sich zu sehen.

Lange habe ich diesen freundlichen Aufforderungen widerstanden. Leben wir doch im Zeitalter der präzisen Forschungen, der Laboratoriumsarbeiten, der mehr oder weniger überzeugenden statistischen Tabellen, während ich nur Eindrücke und Ansichten zu bieten vermag. Zwar stützen sich dieselben auf klinische und ich darf wohl sagen gewissenhafte Beobachtungen, auf Reflexionen, welche ich aus den wirklichen Tatsachen geschöpft habe; aber es fehlt mir für ihren siegreichen Durchbruch die so notwendige wissenschaftliche Autorität.

Wenn ich nun, trotz meiner nicht ganz grundlosen Bedenken, es wage, die Kritik meiner Herren Kollegen herauszufordern, so geschieht dies zunächst im Vertrauen auf die Unterstützung meiner Freunde, welche so freundlich waren, sich für meine Ansichten zu erwärmen, in allererster Linie aber deshalb, weil ich unter Anwendung meiner psychotherapeutischen Methode so schöne und so andauernd gute Resultate erzielt habe, dass ich die Waffe, die mir so treffliche Dienste geleistet hat, nun auch gerne in die Hände der jungen Ärzte niederzulegen wünschte.

Die ursprünglich begonnene Korrespondenz mit meinem Kollegen hat mich dazu veranlasst, die Resultate meiner Beobachtungen zusammenzufassen, indem ich sie einer Reihe von Vorlesungen an der medizinischen Fakultät der Berner Hochschule zugrunde legte.

Ich habe sie nicht für das grosse Publikum zugeschnitten, sondern für meine Herren Kollegen, denen ich sie hiermit, um einige Nachsicht bittend, überreiche.

Bern, 1904.

Prof. Dr. **Dubois.**

Die Psychoneurosen

und

ihre psychische Behandlung.

Erste Vorlesung.

Die moderne Medizin. — *Virchow, Pasteur, Lister*. — Der Geist der Medizin vor dreissig Jahren. — Fortschritte auf dem Gebiete der Chirurgie und Bakteriologie. — Neue Richtung der medizinischen Ansichten. — Die Neurosen geraten in Vergessenheit. — Hysterie; *Briquet, Charcot*. — Die Schule von Nancy und der Hypnotismus. — Die Neurasthenie und ihr Vorkommen bei den früheren Generationen.

Die moderne Medizin rühmt sich — und gewiss nicht ohne Berechtigung — ihrer Wissenschaftlichkeit.

Auf die plumpe Empirie oder die doktrinären Auseinandersetzungen zu Beginn des XIX. Jahrhunderts folgten die exakten Forschungen, das geduldige Studium der Tatsachen; mit einem Worte: die Medizin ward Experimentalwissenschaft. Oft mag es vorkommen, dass ein ungewöhnlich klarer Kopf sich an irgend eine glänzende Synthese wagt; aber diese theoretischen Ansichten stützen sich noch immer auf Tatsachen, welche durch kunstreiche Gelehrsamkeit konstatiert worden sind. Sie stammen nicht aus dem Studierzimmer, sie kommen aus dem Laboratorium, welches überall, bald in bescheidener, bald in prunkvoller Ausstattung, den unentbehrlichen Appendix der Klinik bildet.

Die Physik, die Chemie, selbst die mathematischen Wissenschaften haben uns ihre besondern Arbeitsmethoden, ihre analytischen Verfahrungsarten gelehrt. Den Hilfswissenschaften verdanken wir gewaltige Forschungshilfsmittel; sie gestatten uns, das Studium der Symptome, die Diagnostik, mit einer bisher unerhörten Genauigkeit zu betreiben, und kein Tag vergeht, an dem wir nicht neue Errungenschaften zu verzeichnen hätten.

Die Psychoneurosen und ihre psychische Behandlung.

Schon beginnt eine glanzvolle Aera unter dem Einflusse der pathologischen Anatomie. Das Mikroskop eröffnet uns neue Horizonte und gestattet uns bis in ihre feinsten Einzelheiten die Erforschung der Gewebsveränderungen. Ein neuer Forschungsweg, derjenige der Cellularpathologie, ist uns eröffnet, und *Virchow's* unvergesslicher Name bezeichnet in der Geschichte der Medizin einen wichtigen Wendepunkt.

Nicht lange nachher reisst der geniale *Pasteur* uns in einer neuen Richtung mit sich fort. Die Schuppen fallen von unsern Augen und wir fangen an, die hochwichtige Rolle zu ahnen, welche die Mikroben in der Ätiologie zahlloser Krankheiten spielen. Die praktischen Resultate lassen nicht lange auf sich warten. Auf Antrieb des Altmeisters *Lister* machen die Chirurgen sich ans Werk, den Feind zu bekämpfen, noch bevor sie ihn recht kennen, und aus dieser Bewegung ist die herrlichste praktische Entdeckung des Jahrhunderts, die Antisepsis, hervorgegangen. Zwar ist bald der Gedanke der Asepsis in den Vordergrund getreten; aber das Prinzip bleibt das nämliche: es handelt sich darum, die verletzten Gewebe gegen das Heer von Mikroorganismen zu schützen, welche das Heilungswerk der Natur zu verhindern trachten und den Verletzten den Gefahren der allgemeinen Infektion aussetzen.

Noch jetzt erinnere ich mich lebhaft des gewaltigen Eindruckes, den diese epochemachenden Entdeckungen vor ungefähr dreissig Jahren auf die Geister ausübten. Sie weckten einen allgemeinen Enthusiasmus; die junge Generation ward durch einen mächtigen Ideenstrom fortgerissen und mehr als ein alter Praktiker begann es zu bedauern, nicht mehr auf den Hochschulbänken zu sitzen und an dieser grandiosen Arbeit keinen Anteil mehr zu haben. Wie in allen geistigen Geburtsperioden, so fehlte es auch hier nicht an Übertreibungen. Die Chirurgie rückt in den ersten Rang vor und schreckt vor nichts mehr zurück. Operationen werden möglich, die bisher im Rufe besonderer Gefährlichkeit standen, und das Publikum proklamiert laut, dass die Chirurgie riesige Fortschritte gemacht habe, während die innere Medizin stationär geblieben und heute gleich weit sei, wie zur Zeit des *Hippokrates*! Da scheint die Parole zu gelten: keine Krankheiten ohne sichtbare Gewebsveränderungen! im Mikroben ist der Feind zu suchen! Darum auf zum Kampfe mittelst Eisen, Feuer und Antisepticis!

Auch haben seit jener Zeit die Chirurgen für ihre Kollegen von der innern Medizin ein etwas höhnisch-protegierendes Lächeln. Von dieser Zeit her datiert ferner ihr Hang zu kühnen Streifzügen in die klassische Domäne der Medizin. Wo auch nur von ferne der Gedanke an die Möglichkeit eines operativen Eingriffs auftaucht, da gehen sie ohne Verzug zur Tat über, gehoben von einem vielleicht nur allzu sichern Vertrauen in die wirksame Kraft ihrer Waffen.

Ich wäre indessen grundschlecht beraten, wollte ich mich irgendwie weigern, das Gute anzuerkennen, das daraus entstanden ist; bin ich doch z. B. in Bezug auf die internen Medikationen allzusehr Skeptiker, um nicht dankbar die Hilfe der Chirurgen zu akzeptieren; ja ich glaube sogar, dass aus dem steten Zusammenwirken der Ärzte und Operateure wirkliche Fortschritte im Interesse der Kranken erwachsen können.

Es hat aber alles seine Grenzen, und bisweilen hört man von chirurgischen Eingriffen munkeln, welche den Beweis dafür liefern, dass es nicht immer leicht fällt, zu gleicher Zeit manuelle Fertigkeit, gesunden Menschenverstand und sittliches Bewusstsein zu entfalten.

Die Bakteriologie setzt heute ihre geduldige und segensreiche Tätigkeit fort. Man züchtet die ungezählten Massen von Mikroben, und die modernen Laboratorien stellen wahre Miniaturmenagerien für bösartige Bazillen dar. Aber man beschränkt sich nicht darauf, sie in Käfige einzusperren, man stellt ihnen Antitoxine oder Sera gegenüber, bald zu kurativen, bald zu Präventivzwecken.

Die Schilddrüse, welche früher — als eine nutzlose Drüsenmasse ohne Ausführungsgang und ohne bestimmte Funktionen — von den Chirurgen ganz einfach exstirpiert wurde, ist zuletzt ein wichtiges Organ geworden. Wir schreiben ihr eine innerliche Sekretion zu, und alle diese Befunde haben einiges Licht auf die Pathogenese des Myxœdem's und der *Basedow*'schen Krankheit geworfen. Auch hier begegnen wir aber wieder der Tendenz zur Windbeutelei: zuerst sieht man überall Mikroben; dann träumt man von lauter innerlichen Sekretionen, zuletzt ist man in das phantastische Gebiet der Opotherapie geraten!

Alsdann, ermutigt durch die unzweifelhafte therapeutische Wirksamkeit einiger Sera, vorab des Diphtherie-Heilserums, haben wir uns auch hier zu übereilten Schlüssen verleiten lassen und in der Serumtherapie eine Panacee erblickt. Wenn die Wissenschaft allein sich durch solche Übereilungen kompromittiert hätte, so läge nicht viel daran, führt doch ihr Weg durch Irrtümer zur Wahrheit. Aber unsere Kranken haben es entgelten müssen, und ihnen steht das Recht zu, uns unsere Leichtfertigkeit, ja nicht selten sogar unsern Krämergeist vorzuhalten.

Vergessen wir zum Schlusse nicht die physikalischen Behandlungsmittel: Hydrotherapie, Massage, Gymnastik und endlich die Elektrizität, dieses „Mädchen für alles", zu erwähnen! Wenn einmal die Chemiker nicht mehr Tag für Tag den Markt mit neuen Medikamenten überschwemmen würden, dann wären die Apotheker wahrlich zu bedauern. Was mich aber bei dieser summarischen Aufzählung unserer neuen Behandlungsmittel am allermeisten verwundert, ist das, dass es überhaupt noch Kranke gibt!

Zufolge dieser sukzessiven Neuerungen haben die medizinischen Studien eine andere Richtung erhalten. Während langer Zeit wandte sich das Interesse in erster Linie den Krankheiten mit Läsionen zu, und einzig das Studium dieser organischen Affektionen schien den Durst nach wissenschaftlicher Präzision bei der jungen Generation stillen zu können. Die funktionellen Störungen, die Neurosen, gerieten in Vergessenheit; die psychische Seite des menschlichen Wesens wurde vernachlässigt, so dass ich mir schon vor sehr langer Zeit den Ausspruch erlaubte: „Zwischen der Medizin und der Tierarzneikunde besteht nur noch ein Unterschied bezüglich der Kundschaft". Und dem ist noch zur Stunde so.

Indessen entgingen doch noch einige Geister dieser im Grunde ganz natürlichen Voreingenommenheit, und hervorragende Ärzte, besonders französische, fuhren unentwegt fort, dem Studium der Neurosen ihre ebenso scharfsinnigen als mühevollen und ausdauernden Arbeiten zu widmen.

Eine wichtige Neurose, die Hysterie, hatte ganz speziell unter der Isolierung gelitten, in die sie durch den neuen Kurs geraten war. Es muss freilich zugestanden werden, dass das Studium der so mannigfachen Erscheinungsformen dieser Krankheit geradezu abschreckend erscheinen mochte. Schon die Reichhaltigkeit der im ganzen sonderbaren Symptome und ihre Abhängigkeit von der Einbildungskraft drohten alle Versuche einer Klassifikation zu vereiteln.

Es schien geradezu unmöglich, irgend eine klare Definition zu geben, ein abgerundetes klinisches Bild zu zeichnen; man verlor sich in Einzelheiten, in einer endlosen Aufzählung von nicht zusammenpassenden und unerklärlichen Symptomen. Der Praktiker, der sich ohnedies auf dem Glatteise des wissenschaftlichen Bodens nicht mehr sicher fühlte, wagte sich nur noch mit einer Art von Widerwillen an die Behandlung einer Hysterischen heran, zumal der gestörte Geisteszustand dieser Art von Kranken den Verkehr des Arztes mit denselben oft zu einem sehr schwierigen gestaltet.

Im Jahr 1859 hatte sich *Briquet* an eine Klassifikation der Symptome gemacht und ein vollständiges Krankheitsbild der Hysterie skizziert. Es blieb aber *Charcot* vorbehalten, dieses schwierige Problem der Lösung näher zu bringen. In seiner geduldigen und klugen Art beschäftigte er sich zunächst mit den einfachen, leicht zu analysierenden oder experimentell zu reproduzierenden Erscheinungen. Indem er zunächst die allzu komplizierten Probleme gänzlich beiseite liess, ward in seinem Munde und unter seiner Feder die Hysterie ein interessantes Thema. Ja, es war eine Freude, dem Meister auf dieses Gebiet zu folgen, in das er Licht gebracht hatte und auf dem er uns nun mit so sicherer Hand herumführte.

Die gelehrten Darstellungen des französischen Meisters wurden mit Begeisterung aufgenommen. Eine reiche Fundgrube lag nunmehr aufgedeckt; man brauchte fürderhin bloss Hand ans Werk zu legen und zum Studium der Neurosen die genauen analytischen Methoden der modernen Klinik zu verwenden.

Merkwürdigerweise hatte man aber, ganz besonders in Deutschland, einige Mühe, diese Ansichten richtig zu würdigen. Die deutschen Kliniker schienen lächelnd anzunehmen, man müsse nach Paris gehen, um schwere Hysterien zu beobachten. Wollte man ihren Aussprüchen Glauben schenken, so äusserten die starken Frauen Germaniens ihre Nervosität niemals unter so extravaganten Krankheitsbildern. „Rassen- oder Temperamentserscheinungen!" hiess es; „mit der lateinischen Rasse geht es bergab!"

Von dieser Ansicht musste man zurückkommen und recht beobachten lernen. Scheinbar selten vorkommende Krankheiten werden häufig, sobald man sie hat diagnostizieren lernen; und heutigen Tages entwerfen uns die klassischen Abhandlungen aller Länder von der Hysterie wesentlich übereinstimmende Bilder.

Man hätte indessen denken können, das Studium dieser schweren Neurose würde, schon um ihrer psychologisch so interessanten Probleme willen, ganz besonders das Interesse Deutschlands, dieser Heimat der oft tiefgründigen, zuweilen aber etwas schwerverständlichen Philosophen, in Anspruch nehmen.

Und trotzdem haben sich im Gegenteil gerade in Frankreich die Kliniker dem Studium der Nervenleiden gewidmet, und das mit jener Feinheit und Klarheit der Beobachtung, welche ihnen von seiten der Ausländer so viel Anerkennung einträgt.

Wenn aber das von der Hand *Charcot's* entworfene klinische Bild der Hysterie durch die Schärfe seiner Zeichnung in die Augen sticht, so ist dies zum Teil der didaktisch-schematisierenden Methode des Meisters zu verdanken, der es versteht, in grossen Linien seine Skizzen zu entwerfen, wie jene genialen Zeichner, welche mit einigen Bleistiftstrichen die ganze physische und psychische Persönlichkeit ihres Modells aufs Papier hinzaubern.

Gleichzeitig hat er sich, mit einem etwas herrschsüchtigen Geiste ausgestattet, seine Subjekte so zugeformt, wie er sie haben wollte, und ihnen, ohne sich dessen immer bewusst zu sein, ihre Haltung und ihr Geberdenspiel suggeriert. Bei den Nervenkranken wirkt das Beispiel ansteckend, und in den grossen Pariser Spitälern, z. B. in der Salpêtrière, gleichen sich die Hysterischen untereinander. Auf Befehl des Abteilungschefs oder der Assistenten setzen sie sich in Gang, wie Drahtpuppen oder wie Zirkuspferde, die gewohnt sind, stets die nämlichen Evolutionen zu wiederholen. Noch jetzt kann man in der Salpêtrière solche „alte Gäule" wiederfinden, welche getreulich ihre Volte machen. Man hat zu dem suggerierten Traum oder Wahn dieser armen Kranken hübsch Sorge getragen, und die zu Ehren der fremden Ärzte gegebenen Vorstellungen wickeln sich stets nach demselben Programm ab. Die Regelmässigkeit der beobachteten Erscheinungen hat ihren Grund in der absichtlich oder unbewusst ausgeübten Suggestion durch den Arzt.

Unter *Charcot* trieb das sozusagen experimentelle Studium der Hysterie den Beobachter an, die Krankheit gewissermassen zu schaffen, ihr die volle Wirklichkeit eines pathologischen Wesens, einer „Entité morbide", wie die Franzosen sagen, zu verleihen; jetzt geht es in der Salpêtrière, wie überall: indem man die Symptome studiert, denkt man auch an die therapeutische Aufgabe.

Der Einfluss der Suggestion auf die Entwicklung der verschiedenen Erscheinungen ist in ein ganz besonders helles Licht gerückt worden durch die Arbeiten der Schule von Nancy über die Suggestion im hypnotischen Schlaf oder im wachen Zustande. Diese Experimente, die bald in allen Ländern wiederholt wurden, haben bewiesen, dass der Mensch im normalen Zustande viel leichtgläubiger ist, als er sich's einbildet, und sich der Suggestion in hohem Grade zugänglich erweist.

Die Lehren der Nancyer Schule haben sich trotz einer gewissen Opposition von Seiten *Charcot's* und seiner Schüler verbreitet. In der Salpêtrière allerdings bedeutete hypnotisierbar sein gleichviel wie krank, hysterisch sein. Bei Leuten mit schwerer Hysterie gelang es *Charcot*, durch verschiedene Mittel Katalepsie, Anästhesie, Somnambulismus hervorzurufen.

Als es *Liébault* und *Bernheim* glückte, bei einer grossen Zahl nicht hysterischer Personen den Schlaf zustande zu bringen, und als sie mit gesunden Individuen jene sonderbaren Experimente des künstlich erzeugten Somnambulismus zu wiederholen vermochten, da geriet man in Paris in einige Verlegenheit. Dieselbe stieg noch um ein Beträchtliches, als *Bernheim* erklärte, der hypnotische Schlaf sei nur das Resultat einer Suggestion und könne bei 90 % der Spitalkranken ohne magnetische Bestreichungen, ohne Fixierung des Blickes auf einen glänzenden Gegenstand, einzig und allein durch die mündliche Suggestion herbeigeführt werden.

Nun musste man notwendigerweise darauf verzichten, aus der „Suggestibilität" ein Krankheitssympton zu machen und sie als Anzeichen eines Zustandes von untrüglich nachgewiesener Hysterie zu betrachten; es musste offen zugestanden werden, dass der gesunde Mensch für Suggestion empfänglich genug sei, um am hellen Tage, in wenig Sekunden, in Suggestionsschlaf zu verfallen, ja, dass er oft in diesem Zustand der Hypnose nach Belieben gegen Nadelstiche unempfindlich gemacht, in Katalepsie versenkt und ihm gewisse Suggestionen auf einen bestimmten Zeitpunkt und Amnesie beim Erwachen diktiert werden können.

Es war auch nicht schwer zu bemerken, dass diese Suggestibilität beim gesunden Menschen stärker ausgesprochen ist. Die Autosuggestionen der Hysterischen, sowie die Wahnideen der Geisteskranken bewirken, dass diese Klassen von Patienten oft auf fremde Suggestionen gar nicht reagieren.

Um sich von diesen Tatsachen zu überzeugen, genügte ein mehrstündiger Aufenthalt in Nancy. Aber nun finden wir wieder die Empfindlichkeit der „gens medicorum", die Rivalität zwischen den einzelnen Schulen — bald hätte ich mit einem nicht sehr respektvollen studentischen Ausdruck gesagt „Cliquen". In Paris stellt man sich, als ob man von Nancy nichts wüsste; sollte denn das Licht aus der Provinz stammen? Und während die Ärzte von ganz Europa mit wachsendem Interesse diese gerade durch ihre Einfachheit so überzeugenden Experimente verfolgten, sprach man in Paris von dem „petit hypnotisme" von Nancy!

Es war mir vergönnt, im Jahre 1888 einen Tag in Nancy zuzubringen, und was ich da in einigen Stunden unter der liebenswürdigen Führung von Prof. *Bernheim* sah, hat genügt, meine letzten Zweifel zu zerstreuen und mich noch entschiedener in die Bahn der Psychotherapie zu drängen, in der ich einst so schüchtern gewandelt hatte.

Wiewohl ich seither entschieden und vollständig den Professionshypnotiseuren den Rücken zugewendet habe, so habe ich doch für all das dort Gesehene eine lebhafte Erinnerung und für die Forscher, welche mit so viel Klarheit den eminenten Einfluss der Suggestion zu demonstrieren wussten, die grösste Dankbarkeit bewahrt.

Ich habe zu jener Zeit *Bernheim* interviewt, um aus seinem Munde zu erfahren, wie er dazu gekommen sei, sich mit Hypnotismus zu beschäftigen.

Er gab mir folgende Antwort:

„Als klinischer Professor las ich mit Begeisterung die Schilderungen *Charcot's* und versuchte die in der Salpêtrière beobachteten Erscheinungen zu reproduzieren. Es gelang mir aber nur zur Hälfte, oft gar nicht. Ich konnte lange einen Druck auf die Augäpfel ausüben oder die Kranken durch ein plötzliches heftiges Geräusch erschrecken: sie verfielen nicht in Katalepsie. Ich brachte es auch nicht dazu, durch Druck auf den N. ulnaris die entsprechenden Muskeln zur Kontraktion zu bringen, und war wegen meines geringen Geschickes etwas verstimmt. Da hörte ich von Dr. *Liébault* sprechen, der, wie es hiess, seine Kranken in hypnotischen Schlaf versetzte, und die Neugierde trieb mich, seinen Experimenten beizuwohnen. Ich fand in seinem Zimmer einige Personen im Zustande der Hypnose, die einen in natürlicher Stellung schlafend, die andern in kataleptischen Stellungen. Ich konnte bei diesen Individuen die hervorgerufene Anästhesie konstatieren und unter der Leitung eines „überzeugten" Arztes diese seltsamen Erscheinungen des Hypnotismus studieren.

Anfangs noch starker Skeptiker, machte ich einige Versuche an einer Geisteskranken, sodann an den verschiedenen Kranken meiner Abteilung. Mein Glaube wuchs und mit ihm die suggestive Autorität; jetzt habe ich es soweit gebracht, dass es mir in neun von zehn Fällen gelingt, mittelst der einfachen mündlichen Suggestion zum Ziele zu gelangen."

Die Tatsachen existieren und können nicht geleugnet werden; wer sich mit Nervenpathologie beschäftigt, kann dieselben nicht ignorieren; und doch erscheinen noch zur Stunde Abhandlungen über die Hysterie, deren Verfasser von den Nancyer Entdeckungen keine Ahnung zu haben scheinen.

Sogar in der Diskussion mit den Herren Kollegen, auch wenn sie noch nicht durch die Ketten einer Theorie gebunden sind, ist es erstaunlich zu sehen, wie wenige mit logischer Schärfe diese hochwichtige Tatsache der menschlichen Suggestibilität zu erfassen vermögen.

Seit den Arbeiten von *G. Beard* ist eine neue Krankheit aus Amerika importiert worden, die sich epidemieartig verbreitet zu haben scheint. Der Name Neurasthenie ist in Aller Mund, sie ist die Modekrankheit geworden. Doch was sage ich? Die Krankheit ist nicht neu, nur der Name, womit man sie bezeichnet, hat gewechselt. Früher beschrieb man sie unter dem Titel der Hypochondrie oder der Melancholie; oft wurde sie mit Hysterie verwechselt. In den Augen des Publikums waren es Nervenleiden, „Vapeurs", nervöse Überreiztheit. Endlich haben die Ärzte den Versuch gemacht, aus diesem nervösen Zustande, den man heutzutage Neurasthenie nennt, ein besonderes Leiden zu machen, und man hat dasselbe der Reihe nach getauft: Nervenschwäche, reizbare Schwäche, allgemeine Neuralgie, Spinalirritation, Neuropathia cerebro-cardiaca, Nervosität.

Es ist nicht unmöglich, dass diese Affektion unter dem Einflusse der modernen Lebensweise häufiger geworden ist; man darf aber nicht vergessen, dass man jetzt mit dem Namen Neurasthenie eine ganze Sammlung von bekannten Symptomen bezeichnet, die man zu allen Zeiten kannte und sodann in einen Topf zusammenwarf. So hat man ein Krankheitsbild geschaffen, und nichts pflegt sich in der Medizin so rasch einzubürgern, wie eine neue Benennung. Sie stellt eine Etikette dar, die uns gestattet, die Symptome zu klassifizieren, ohne dass man sie recht zu studieren braucht. Man denke nur daran, mit welcher Leichtigkeit wir uns an den Gebrauch des Wortes Influenza gewöhnt haben! Es erspart uns viel Geistesarbeit und gestattet uns, eine Diagnose zu stellen, ohne dabei uns den Kopf zu zerbrechen.

Aber diese Leichtigkeit der Klassifikation des Übels hat ihre Nachteile, und wir befinden uns bisweilen unsern Klienten gegenüber in einer schwierigen Lage, wenn die soi-disant Influenza in eine Tuberkulose, Meningitis, oder in einen Typhus ausartet und wir uns genötigt sehen, die frühere Diagnose zu widerrufen.

Ein alter Praktiker, der nach 60jähriger Berufstätigkeit noch die volle Frische des Gedächtnisses und seines Beobachtungstalentes bewahrt hatte, sagte mir einst anlässlich einer Konsultation: „Zu Beginn meiner Praxis beobachtete ich ganz genau die gleichen nervösen Störungen, die ihr heute unter dem Titel Neurasthenie zusammenfasst, und zwar, wie mir scheinen will, gar nicht minder häufig als heutzutage. War der Geisteszustand gestört, der Kranke traurig, bekümmert, dann sprachen wir von Melancholie, von Hypochondrie. Aber wenn die funktionellen Störungen allein und unabhängig vorhanden zu sein schienen, dann dachten wir nicht daran, diese verschiedenen Symptome unter sich in Verbindung zu bringen; wir diagnostizierten: Cephalalgie, Rachialgie, gastrische oder intestinale Dyspepsie u. s. w., und wir bekämpften jedes dieser Symptome einzeln für sich. Euch ist es gelungen, das Band zu erkennen, das alle diese Störungen unter sich verbindet, den Geisteszustand des Kranken zu erfassen. Das gibt euch das Gefühl, vor einem neu geschaffenen Leiden zu stehen, welches ganz und gar den Bedingungen des modernen Lebens seine Entstehung verdankt."

Zu Anfang des XIX. Jahrhunderts hat der berühmte Schweizer Arzt *Tissot*[1] diese nervösen Zustände trefflich beschrieben und die

---

[1] *Oeuvres complètes* de *Tissot*, nouv. édit., publiées par M. P. Tissot, Paris 1820. t. VIII.

teils physischen, teils moralischen Ursachen bezeichnet, die sie hervorrufen.

Und wer das Buch „*Traité sur les gastralgies et les entéralgies*" von *Barras*[1] gelesen hat, wird füglich konstatieren können, dass es nichts Neues unter der Sonne gibt und dass unsere Vorfahren so gut wie wir die geistigen Eigentümlichkeiten besassen, deren entscheidende Rolle wir in der Ätiologie der verschiedenen Neurosen wieder erkennen werden. Die Neurasthenie existierte schon ohne besondern Namen, ganz wie die Hypochondrie, die Melancholie und die Hysterie. Die Tanzwutepidemien, die Hexenprozesse, die Teufelsaustreibungen des Mittelalters beweisen sogar, dass die vorangegangenen Geschlechter unendlich suggestibler waren, als man es jetzt ist. Durch die Vernunft nicht genügend im Zaume gehalten, erreichten die geistigen Vorstellungen einen unglaublich akuten Grad und trieben vorher scheinbar gesunde Menschen bis zu Halluzinationen und zu Wahnideen. Die moderne Hysterie ist sehr bescheiden, sehr vernünftig im Vergleich mit den Seelenzuständen, wie sie uns von *Charcot* und *Paul Richer* in den „Démoniaques dans l'art" oder in der „Bibliothèque diabolique" von *Bourneville* enthüllt werden.

Wenn die Neurasthenie, diese Zwillingsschwester der Hysterie, früher an uns vorüber gezogen ist, ohne grosses Aufsehen zu machen, so liegt der Grund darin, dass sie weniger dramatisch, weniger effektvoll auftritt, als jene.

Sie befällt einzelne Individuen und hat keine grosse Neigung, sich durch Ansteckung auszubreiten; sie führt nicht, wie hochgradige Hysterie, zur Vernichtung der Vernunft.

Heute ist das Leben komplizierter geworden, es stellt grössere Anforderungen an uns, an unsere Gehirntätigkeit; darum tritt unsere Schwäche deutlicher zutage. Anderseits sind wir in höherem Grade verweichlicht, schenken unsern Leiden und Gebrechen viel mehr Aufmerksamkeit, und die moderne Medizin bekümmert sich viel ängstlicher um das Wohl und Wehe eines jeden einzelnen.

Wir lassen unsere Hysterischen nicht mehr den Scheiterhaufen besteigen, wir pflegen sie; wir legen unsere armen Geisteskranken nicht mehr in Ketten, wir bringen sie unter grossem Kostenaufwand in gut eingerichteten Asylen unter; wir überlassen die Neurastheniker nicht mehr sich selber, wir lassen sie nicht mehr verkümmern wie minderwertige Geschöpfe, wohl aber unterstützen

---

[1] *Traité sur les gastralgies et entéralgies ou maladies nerveuses de l'estomac et de l'intestin*, par J. P. T. Barras, 3ᵐᵉ éd. Paris. 1829.

wir sie moralisch, um aus ihnen nützliche Glieder der menschlichen Gesellschaft zu machen.

Trotz des harten Kampfes ums Dasein durchweht die Menschheit ein Zug von Altruismus, von Menschenliebe. Wir arbeiten alle zum Wohle aller. Indem man die im Kampfe des Lebens Verwundeten sammelt, zählt man sie, und zu einem grossen Teil ist dies der Grund, dass sie heutzutage zahlreicher erscheinen.

Ich masse mir keineswegs an, mit diesen paar Worten eine so schwerwiegende Frage wie die, ob es heute mehr Verrückte oder Nervenkranke gebe als früher, endgültig entscheiden zu wollen.

Aber ich kann nicht umhin, den humanen Fortschritt, die Errungenschaften der körperlichen Hygiene anzuerkennen. Ich kann nicht glauben, dass die geistige Hygiene einen umgekehrten Weg einschlage, und hege ein unerschütterliches Vertrauen in die zwar sehr langsame, aber stetige Weiterentwicklung unseres Geistes.

Zweite Vorlesung.

Klassifikation der Neurosen. — Psychoneurosen oder Nervosität. — Psychischer Ursprung der Nervosität. — Tendenz, ihr körperliche Ursachen unterzuschieben. — Missbrauch mit der physikalischen und medikamentösen Behandlung. — Armut der gegenwärtigen Psychotherapie. — Mischung von praktischem Materialismus und doktrinärem Spiritualismus. — Hindernisse der Entwicklung der Psychotherapie.

Zu den Neurosen zählt man die Hysterie und die Neurasthenie, und an diese beiden Neurosen denkt man in erster Linie, wenn man von einer Behandlung durch Suggestion oder durch Psychotherapie spricht. Aber die ganze Klasse der Neurosen gründet sich, wie *Axenfeld* ausführt, „auf eine negative Konzeption, denn sie entstand an jenem Tage, da die pathologische Anatomie mit ihrer Aufgabe, die Krankheiten durch die abnormen Veränderungen der Organe zu erklären, plötzlich vor einer Anzahl krankhafter Zustände Halt machen musste, deren Entstehungsursache ihr völlig entging."

Demnach muss die Zahl der Neurosen entsprechend den Fortschritten der pathologischen Anatomie abnehmen; so oft die letztere eine Anomalie entdeckt, welche in befriedigender Weise die zu Lebzeiten beobachteten Symptome erklärt, ist diese Krankheit von der Liste der Neurosen zu streichen; eine pathologisch-anatomische Bezeichnung tritt dann an die Stelle des frühern klinischen Namens.

Übrigens gibt es nichts so Unbestimmtes, wie die Definition der Neurosen, und wenn man versuchen will, sich an eine Klassifikation zu wagen, so stösst man auf unüberwindliche Schwierigkeiten. Was soll man z. B. mit jener künstlichen Gruppe der *Sensibilitätsneurosen* anfangen, in die man kreuz und quer durcheinander verschiedene Hyperæsthesien und Anæsthesien einreiht, die einen von rein symptomatischer Bedeutung und auf nachgewiesenen oder äusserst wahrscheinlichen Läsionen der Nerven beruhend, die andern abhängend von einem allgemein nervösen Zustande? Welchen Vorteil haben wir von der Schaffung einer weitläufigen Gruppe von *Motilitätsneurosen*, in der wir Kontrakturen, Krämpfe, verschiedene Lähmungen, Muskelzittern und zuletzt noch mit aller Gewalt die Paralysis agitans unterbringen?

Bei jeder Art dieser pathologischen Zustände soll die klinische Analyse sorgfältig gemacht werden; bei der Mehrzahl der intensiven und hartnäckigen Neuralgien, sowie bei den echten Lähmungen wird diese Untersuchung deutliche Läsionen nachweisen lassen. Man darf sich nur nicht übereilen, ein Leiden als *nervös* zu bezeichnen; wenn wir uns oft dazu genötigt sehen, so geschieht es deshalb, weil wir gleichzeitig mit den lokalen Symptomen mehr zentrale Symptome, einen Zustand von allgemeiner Neurose konstatieren.

Im Gegensatz zu den Neurosen mit peripherisch-lokalisierten Symptomen hat man mit dem Namen „*zentrale Neurosen, allgemeine Neurosen*" solche bezeichnet, „welche sich durch gleichzeitige Störungen der Sensibilität, Motilität und Intelligenz auszeichnen und welche durch die grosse Ausdehnung und die Reichhaltigkeit der Symptome mit Gewissheit auf eine Affektion der nervösen Zentren schliessen lassen". (*Axenfeld* und *Huchard*).

Auch wenn wir uns Mühe geben, nichts Fremdartiges in die Klasse der Neurosen aufzunehmen, bleibt diese doch noch zu gross, und die klassischen Abhandlungen bringen in derselben immer aufs neue Krankheiten unter, welche im Grunde gar nicht dorthin gehören.

Es geht nicht mehr an, in dieser Klasse den Tetanus zu belassen, der seinen Ursprung einem direkt auf die Nerven einwirkenden Toxin verdankt. Auf die Bezeichnung Eklampsie muss verzichtet werden, weil dieser vage Ausdruck auf epileptiforme Konvulsionen angewendet wird, welche entweder von einer Intoxikation, oder von cerebralen Läsionen herrühren.

Ich stehe auch nicht an, von der Liste der Neurosen im engern Sinne des Wortes die Epilepsie oder vielmehr die Epilepsien zu streichen.

Bei hysterischen und neurasthenischen Individuen können bisweilen ohne bekannte Ursache oder infolge von geistigen Erregungen epileptiforme Anfälle mit völliger Bewusstlosigkeit vorkommen; aber das sind vorübergehende und seltene Ereignisse.

Bei der sicher nachgewiesenen echten Epilepsie, welche sich in der Regel als unheilbar oder wenigstens enorm hartnäckig erweist, lassen sich verschiedene cerebrale Veränderungen konstatieren.

Zwar darf man nicht erwarten, eine einzige, spezifische Läsion zu entdecken. Der epileptische Anfall ist nur ein Symptom und kann von Läsionen herrühren, welche sowohl nach ihrer Natur, als nach ihrem Sitz sehr verschiedenartig sein können. Der „morbus sacer" ist der *Jackson*'schen Epilepsie nahe verwandt. Das wissen die Herren Chirurgen so gut, dass sie glauben, ein Recht auf einen operativen Eingriff zu haben, sobald die medizinische Behandlung im Stiche lässt, und sich sofort — freilich etwas auf's Geratewohl — auf die Suche nach irgend einer Läsion machen. Oft leitet sie dabei kein anderer Gedanke als der, das Gehirn von einem abnormen, im Grunde rein hypothetischen, intrakraniellen Drucke zu befreien. Trotz der von vielen Seiten bestätigten Arbeiten von *Chaslin,* welche das Vorhandensein einer Sklerose der Rinden-Glia wahrscheinlich machen, kann die pathologische Anatomie der Epilepsie nicht als abgeschlossen betrachtet werden.

Auf der andern Seite verkenne ich keineswegs den freilich noch lockeren Zusammenhang, welcher zwischen Epilepsie und Migräne, zwischen dieser und den Neurosen und zwischen diesen letzteren und der Verrücktheit besteht. Vom theoretischen Standpunkte ist es natürlich schwer, hierüber klare Ansichten zu äussern. Aber wenn wir in der Praxis die Diagnose auf Epilepsie stellen, so fühlen wir uns von dem Gedanken an die mehr oder weniger gänzliche Unheilbarkeit ergriffen. Umgekehrt ist bei den Migränen und Neurosen die Prognose weniger düster; sie gestattet unsern Kranken gegenüber eine freimütige, offene Aussprache, während wir uns scheuen, unsern Lippen das verhängnisvolle Wort Epilepsie entschlüpfen zu lassen; und hiermit ist die grosse Kluft angedeutet, welche noch immer zwischen dieser furchtbaren Krankheit und der ziemlich harmlosen Migräne liegt.

Was die gewöhnliche Chorea betrifft, so mag sie meinetwegen ihren Platz unter den Neurosen beibehalten. Man kann *a priori* behaupten, dass sie auf keinen schweren anatomischen Läsionen beruht, da sie von selbst und in ziemlich kurzer Zeit zur Heilung gelangt. Aber die Affektion hat einen gewissermassen typischen Verlauf von beschränkter Dauer und befällt vorzugsweise Mädchen. Offenbar besteht ein Zusammenhang zwischen ihr und dem Rheumatismus und mit den Herzaffektionen. Bei der Autopsie hat man oft verschiedene cerebrale Läsionen, vielleicht sekundärer Art, gefunden, und einige englische Ärzte sind so weit gegangen, die Chorea auf kapilläre Embolien zurückzuführen, welche die Corpora striata durchsetzen. Auch sehen wir, dass die Chorea kein besonders dankbares Objekt für die Psychotherapie ist, während sie hingegen durch Ruhe gebessert wird.

Jene Fälle von vermeintlicher Chorea, in welchen ein psychischer Einfluss, ganz besonders der Nachahmungstrieb, eine hervorragende Rolle spielt (Chorea-Epidemien), haben mit der

Sydenham'schen Chorea nichts gemein und müssen zur Hysterie gezählt werden. Auch der Umstand, dass lebhafte Gemütsbewegungen den Ausbruch der Chorea zu bewirken vermögen, kann für die Einreihung der Krankheit in die Klasse der Neurosen nicht in Betracht fallen. Wir begegnen der nämlichen Ätiologie bei der Paralysis agitans, beim Morbus *Basedowii*, ja sogar bei der Epilepsie. Man hat bei allen diesen Krankheiten keine konstanten Läsionen des Nervensystems gefunden; aber der ausserordentlich hartnäckige Charakter dieser Affektionen und die Häufigkeit ihrer Unheilbarkeit legen den Gedanken an Strukturveränderungen der Nervenzellen nahe, selbst für den Fall, dass eine Gemütsbewegung die erste Veranlassung der Zufälle gewesen sein sollte.

Ich sagte oben, man müsse der Reihe nach aus dem Rahmen der Neurosen jene Affektionen wieder ausmerzen, für welche dem pathologischen Anatomen der Nachweis der Ursache gelungen sei. Man könnte daraus den Schluss ziehen, dass der Ausdruck Neurose nur für die provisorische Klassifikation zu verwerten sei und darum allmählich ganz aus dem medizinischen Sprachgebrauch verschwinden müsse.

Und in der Tat: wenn die pathologische Anatomie eine Verletzung, einen Entzündungsherd, eine Blutung, eine Thrombose entdeckt, oder die chemische Analyse das Vorhandensein einer Vergiftung nachweist, dann sprechen wir nicht mehr von einer Neurose, selbst dann nicht, wenn die Symptome wesentlich „nervöse", ja psychische gewesen sind. Wir erkennen alsdann die primäre Ursache des klinischen Gesamtbildes in verschiedenen körperlichen Affektionen, wie Syphilis, Tuberkulose, Arteriosklerose, alkoholischer oder urämischer Intoxikation u. s. w.

Anders verhält sich die Sache bei jenen Affektionen, die wir *stets und unter allen Umständen* Neurosen oder, wie ich vorschlagen möchte, *Psychoneurosen* benennen werden, selbst in den Fällen, wo es uns gelingen würde, die Gewebsveränderungen zu entdecken, welche die nervöse oder geistige Störung zustande gebracht haben. Hier stehen wir vor einer Tatsache von eminenter Bedeutung: vor dem *Einflusse des Geistes, der geistigen Vorstellungen*. Die Störungen des Geisteslebens sind nicht mehr bloss sekundäre und durch eine primäre Störung des cerebralen Gewebes bestimmte Erscheinungen, wie z. B. bei der allgemeinen Paralyse oder bei andern Gehirnaffektionen. Der Ursprung des Leidens ist im Gegenteil ein psychischer, und psychische Vorgänge unterhalten die funktionellen Störungen. Man dürfte füglich diese Art von Neurosen neben dem Wahnsinn einreihen und sie mit dem Namen *Psychosen* bezeichnen. Vom theoretischen Standpunkte aus scheue ich mich nicht zu behaupten: die Nervosität in allen ihren Formen ist eine Psychose.

Aber vom praktischen Standpunkte betrachtet, hat diese Benennung etwas in hohem Grade missliches. In erster Linie können sich neuropathische Individuen dadurch gekränkt fühlen. Wir lassen uns ja ohne Beschämung als *nervenkrank* bezeichnen, während es uns widerstrebt, als *geisteskrank* taxiert zu werden. Übrigens ist es durchaus zweckmässig, von den notorischen Psychosen jene leichten Formen abzutrennen, welche, wie wir später sehen werden, im Grunde so herzwenig vom Normalzustande abweichen. Die erstgenannten, d. h. die Psychosen, bieten eine viel ernstere Prognose dar, und ihre Behandlung erheischt in den meisten Fällen eine Anstaltsversorgung.

Viel unschuldiger sind die Psychopathien, von denen hier die Rede ist; sie gestatten das Leben in der Familie und in der Gesellschaft. Der Kranke wendet sich nicht an einen Spezialisten für Psychiatrie, sondern berät entweder seinen Hausarzt oder einen Neurologen. Für die Bezeichnung dieser Affektionen würde ich am liebsten den Ausdruck *Psychoneurosen* wählen, weil er sie von den eigentlichen Wahnsinnsformen trennt, ohne die psychische Natur des Leidens unbetont zu lassen; sodann aber auch, weil die zweite Hälfte des Wortes auf die nervösen, funktionellen Störungen hinweist, welche den psychopathischen Zustand begleiten. Ich werde mich auch häufig des Ausdruckes *Nervosität* bedienen; derselbe präjudiziert nichts und tritt auch der leicht verzeihlichen Empfindlichkeit des Kranken in keiner Weise zu nahe.

So hätten wir also diejenigen Neurosen ausgemerzt, deren Ursprung aller Wahrscheinlichkeit nach ein somatischer ist, und behalten in der Gruppe der *Psychoneurosen* nur diejenigen Affektionen, bei welchen der psychische Einfluss der vorherrschende ist, mit andern Worten diejenigen, welche mehr oder weniger der *Psychotherapie* zu unterstellen sind; es sind dies: die Neurasthenie, die Hysterie, die Hystero-neurasthenie, die leichten Formen von Hypochondrie und Melancholie; und endlich kann man noch hinzurechnen gewisse schwierigere Fälle von Störung des geistigen Gleichgewichts, welche nahe an Wahnsinn grenzen.

Wenn ich mich aus Bequemlichkeit des allgemeinen Ausdruckes Nervosität bediene, so will ich dadurch unsere alten klinischen Bezeichnungen nicht im mindesten verdrängen. Es sind dies Etiketten zur Unterscheidung der jeweiligen *Form* der nervösen Störungen; aber ich betone gleich von vornherein die Unmöglichkeit, zwischen Neurasthenie, Hysterie und verschiedenen hypochondrischen und melancholischen Zuständen scharfe Grenzen zu ziehen.

Die Psychotherapie hat es in erster Linie mit diesen *Psychoneurosen,* dieser *Nervosität* zu tun. Auf diesem Gebiete vollzieht sich eine langsame, aber stetige Umwälzung unserer ärztlichen Begriffe, die von grösster Tragweite für die praktische Medizin werden dürfte.

Die Nervosität ist in erster Linie ein psychisches Leiden und bedarf als solches einer psychischen Behandlung.

Dessen muss sich der Arzt recht fest und sicher bewusst sein, wenn er mit Erfolg die Behandlung nervöser Affektionen übernehmen will. Diese Psychoneurosen kommen häufig vor, sind oft sehr schwerer Art und können in noch weit höherem Masse als die organischen Krankheiten das Glück Einzelner und ganzer Familien zerstören. Ein Arzt, der sich um das Geistesleben seiner Kranken bekümmert und in die tiefsten Geheimnisse ihres Seelenlebens einzudringen weiss, wird durch die Qualen seiner Patienten tief bewegt; er beklagt sie aufrichtig in ihrem Schmerz und beweist ihnen seine volle Sympathie. Körperliche Krankheiten, so schmerzhaft sie auch sein mögen, kommen ihm weniger grausam vor, als diese Psychoneurosen, welche die ganze Persönlichkeit, das eigenste Ich des Kranken verändern.

Die Patienten selbst sind sich dieser Veränderung ihres psychischen Wesens bewusst und beneiden oft die allerhand sonstigen Kranken um ihr Los, selbst wenn es qualvolle Leiden in sich schliesst, wofern nur der Kopf dabei nicht leidet.

Das schlimmste ist, dass die Nervenkranken in der Regel missverstanden werden. Körperlich behalten sie oft lange ein gesundes Aussehen; dafür sind sie einem ausserordentlich rapiden Wechsel ihrer psychischen Stimmungen unterworfen, indem sie heute den Märtyrer spielen und morgen imstande sind, mit einer gewissen Freudigkeit ihre Beschäftigungen wieder aufzunehmen.

Die von den besten Absichten und den zärtlichsten Gefühlen geleiteten Eltern werden aus diesem plötzlichen Umspringen des Windes nicht recht klug und fangen endlich an, den Kranken Vorwürfe zu machen über ihre Trägheit, ihr launenhaftes Wesen, ihre Energielosigkeit. Ihre Ermahnungen verfehlen aber ihren Zweck und machen die armen Kranken höchstens noch reizbarer, übler gelaunt und trauriger.

Welchen entscheidenden Einfluss Gemütsbewegungen jeder Art auf die Entwicklung dieser Psychoneurosen ausüben, liegt auf der Hand. Und doch scheint die überwiegend grosse Mehrheit der Ärzte hiervon keine Ahnung zu haben!

Ganz und gar in die Rolle vertieft, die sie als „Ärzte für den Körper" zu spielen haben, suchen die Praktiker in den Unterleibsorganen die Quelle aller dieser psychischen und nervösen Störungen.

Dabei ist dem Uterus die Ehre widerfahren, am häufigsten der Urheberschaft angeklagt zu werden, ganz besonders in den Fällen von hysterischer Nervosität. Offenbar hat die Etymologie des Wortes Hysterie das ihrige zur Annahme dieser ätiologischen Beziehungen beigetragen. Wie schnell sich doch in unserem Gehirn Ideen-assoziationen, zumal solche missbeliebiger Art, vollziehen!

Was aber diese hartnäckige Anschuldigung der Gebärmutter mit Leichtigkeit erklären lässt, ist der Umstand, dass die Hysterie, wenigstens wenn sie mit konvulsivischen Erscheinungen verbunden ist, hauptsächlich bei Frauen zur Beobachtung kommt und oft in jenen kritischen Lebensabschnitten Verschlimmerungen aufweist, wo sich in den Zeugungsorganen gewisse geheime Prozesse (Pubertät, Monatsfluss, Menopause, verschiedene krankhafte Veränderungen des Uterus und seiner Adnexe) abspielen.

Wir haben es da ganz gewiss mit nachweisbaren Beziehungen zu tun, die man nicht ohne weiteres ignorieren darf; aber es ist ein grosser Unterschied zwischen diesem ätiologischen Anhaltspunkte, welcher den Erscheinungen des sexuellen Lebens die Rolle von Gelegenheitsursachen zuteilt, und jener alten, aber ewig neuen Auffassung, „dass nichts die Entstehung der Hysterie so sehr begünstige, wie der Verzicht auf die Freuden der Liebe, hierauf bezügliche gemütliche Verstimmungen und die Störungen der Menstruation".

Briquet hat recht, wenn er erklärt, die Schrift von *Louyer-Villermay*, worin jene ebenso unmissverständliche als übertriebene Behauptung aufgestellt wird, scheine eher aus dem Mittelalter, als aus dem Jahre 1816 herzustammen.

Es geht aber mit den falschen Begriffen wie mit den Verleumdungen: etwas bleibt immer haften; und so tönt mir noch oft aus dem Munde junger, wie alter Praktiker der Satz entgegen: *Nubat illa, et morbus effugiet.*

Doch auch nachdem man das Vorkommen und die Häufigkeit der männlichen Hysterie gehörig konstatiert hatte, hielten sich die Anhänger der Theorie von dem genitalen Ursprung der Hysterie keineswegs für geschlagen. Liessen sich denn nicht in dem geheimnisvollen Erwachen der sinnlichen Triebe bei den Knaben, ferner in der Onanie oder in den sexuellen Exzessen jeder Art, oder endlich in den Verirrungen des Malthusianismus Gründe genug für die Erklärung der Genesis der Hysterie und der Neurasthenie nachweisen?

Später dachte man an die Verdauungsorgane. Zunächst fahndete man nach Autointoxikationen durch die Produkte einer schlechten Verdauung. Jedermann litt jetzt an Magenerweiterung, an Gastroptose, Enteroptose, oder noch allgemeiner an Organoptose. Man ging eifrig ans Werk, Wandernieren zu reponieren, oder den Hängebauch durch Gürtel zu stützen. Man nahm seine Zuflucht zur Beschränkung der Flüssigkeitszufuhr, zur Massage, zu den Mitteln, welche die Tunica muscularis des Magens kräftigen, endlich zur Darmantisepsis. Zum Schluss kommen die Herren Chirurgen und bieten uns ihre stets radikalen Dienste an, indem sie es sich zur Aufgabe machen, den Magen auf passendere Dimensionen zurückzuführen.

Man hat die Nervosität auch in Beziehung zur Gicht setzen wollen, indem man keck und kühn behauptete: Nervosität bedeutet soviel als Neigung zu Arthritis. Heute soll plötzlich die Cholämie an allem schuld sein.

Traumatische Einflüsse, Überanstrengungen und Gott weiss was sonst noch sind angeschuldigt worden, die Nervosität in allen ihren Formen zu erzeugen; man hat die Neurasthenie als chronische Übermüdung hingestellt, so dass vollständige Ruhe, nicht nur während einiger Wochen — was ja ganz passend wäre —, sondern während mehrerer Monate und Jahre, die einzige Erholungsquelle für viele Nervenkranke geworden ist. Man gibt ihnen ihre Energie zurück mit Hilfe von Douchen, elektrischem Strom, Massage, trockenen Abreibungen, Radfahren. Man macht ihnen neue Nerven zurecht mittelst Glycerophosphaten, Neurosine, Injektionen von Séquardine oder künstlicher Sera, sogar von Salzwasser! Das erinnert mich an eine sehr suggestiv klingende Reklame auf der vierten Seite einer Zeitung: *„Durch den Gebrauch von Hafer-Kakao erlangt man seine physische und moralische Gesundheit wieder!"*

Aber, höre ich fragen, es können sich doch nur Ärzte ohne alle praktische Erfahrung und ohne genügende psychologische Kenntnisse mit solchen Albernheiten befassen? Fehlgeschossen! Noch heutigen Tages spuken und rumoren die Gespenster der Retroversio, der Dyspepsie, der atrophischen Gastritis, der Magenerweiterung, der Enteroptose, der Cholämie in den Köpfen der meisten Ärzte. Ja noch mehr: es gibt Ärzte und Professoren, welche, auch wenn sie durch ihre Kundschaft in beständige Berührung mit Nervenkranken kommen und Tag für Tag zu deren Behandlung beigezogen werden, doch diesen so einfachen Grundgedanken von der rein psychischen Quelle der Nervosität gar nicht zu kennen scheinen.

Wenn ich sage, sie kennen diesen leitenden Grundgedanken gar nicht, so gehe ich damit vielleicht ein wenig zu weit; aber ganz sicher vergessen sie denselben in dem Augenblick, wo es gerade am nötigsten wäre, sich daran zu erinnern, d. h., wenn sie den Kranken die vorgeschriebenen Massregeln auseinandersetzen.

Mir schweben da zahlreiche Rezepte vor Augen, welche durch Vermittlung meiner Patienten zu meiner Kenntnis gelangt sind und von medizinischen Autoritäten ersten Ranges, von Spezialisten im Fache der Neurologie und Psychiatrie herstammten. Wie erstaunte ich da über die Armut ihrer Psychotherapie! Zunächst auf der ersten Seite feine Schilderungen des Leidens, wobei der Verfasser gerade auf die Veränderungen des geistigen Zustandes das Hauptgewicht legte; aber auf der letzten Seite nichts als die banalsten therapeutischen Verordnungen: Bäder, Douchen, Abreibungen, Strychnin-Einspritzungen und das unvermeidliche Brom!

Der Mangel an Übereinstimmung zwischen diesen Vorschriften und den Prämissen liess mich glauben, der betreffende Herr Kollege habe es nicht für nötig erachtet, den psychotherapeutischen Teil der Konsultation schriftlich aufzuzeichnen, sondern habe diesen Punkt im mündlichen Gespräch mit den Patienten näher berührt. Aber nach ihrer Versicherung hatten sie überhaupt gar keinen diesbezüglichen Rat erhalten.

Ein kleiner Fortschritt ist doch zu verzeichnen; ich habe in den letzten Jahren einige Rezepte notiert, auf denen am Fuss der Seite, *nach* dem kalten oder warmen Wasser und *nach* dem Brom oder Trional zu lesen stand: *psychische Behandlung.*

Da hätten wir's endlich! dachte ich, und fragte meinen Patienten ein wenig darüber aus, welchen mündlichen Kommentar er zu jenen zwei Wörtern erhalten habe. „Nichts hat man mir gesagt, absolut nichts; man hat mir nur eröffnet, ich bedürfe einer *psychischen Behandlung*, und damit war ich entlassen" — so lautete die Antwort jener Leute, welche ganz Europa in allen Windrichtungen durchkreuzt hatten, um endlich die erhoffte Heilung zu finden!

Vor kurzem sah ich einige Damen, welche von der ganz reinen Psychotherapie gekostet haben, und deren fixe Ideen man mit Hilfe der Prozeduren der physiologischen Psychologie studiert hatte. Aber man hat ihnen ein nur allzu wissenschaftliches Interesse gezeigt und ihnen zu verstehen gegeben, sie seien „Halbverrückte". Kranke studieren heisst eben noch nicht Kranke kurieren!

Aber uns vergesst ihr, werden die Hypnotiseure sagen; ja, auch wir sind einverstanden, dass die Nervosität von Hause aus psychisch ist, und unsere Heilmethoden sind im höchsten Grade psychotherapeutischer Art. Im Handumdrehen, im hypnotischen Schlafe, in der leichtesten Hypotaxie lassen wir die Autosuggestionen unserer Kranken wie Muskatnüsse verschwinden und geben ihnen ihre Gesundheit wieder.

Nein, ich habe sie keineswegs vergessen, unsere modernen Nachfolger *Mesmer's;* aber bei ihnen fallen ernstere Dinge in Betracht, mit denen wir uns später befassen werden, wenn wir die therapeutischen Mittel zur Bekämpfung der Nervosität behandeln.

Woher mag es kommen, dass die Ärzte so grosse Mühe haben, die geistige Natur der Psychoneurosen zu erkennen? Woher kommt es, dass sie nicht daran denken, zu den oft recht zweckmässigen hygienischen Massregeln die so notwendige psychische Behandlung hinzuzufügen?

Es rührt dies, wie ich schon weiter oben angedeutet habe, daher, dass unsere medizinische Erziehung uns nur dazu antreibt, die Läsionen aufzusuchen und die Organveränderungen zu konstatieren. Das Gehirn interessiert uns nur, wenn darin eine Hyperämie oder Anämie, eine Blutung oder Thrombose, eine Meningitis oder Tumoren zu finden sind.

Sobald das Gehirn nur in seinen Funktionen gestört ist, räumen wir den Platz dem Psychiater ein.

Aber die Irrenärzte beobachten die schwierigeren Formen von Psychopathie, die Fälle von Wahnsinn, und wenn auch ihre Studien ihnen eine hervorragende Gewandtheit in der psychologischen Analyse beigebracht haben mögen, — es muss doch zugestanden werden, dass ihr Einfluss kein so starker ist, als man wünschen möchte. Warum? Sie leben etwas abseits, mit Berufspflichten überhäuft, und schreiben wenig. Der psychiatrische Unterricht wird mangelhaft besucht, und viele junge Ärzte treten ihre Praxis an, ohne imstande zu sein, die Anfangssymptome einer Melancholie zu diagnostizieren oder eine allgemeine Paralyse unter der trügerischen Larve einer Neurasthenie zu entdecken.

Oft auch lassen die Irrenärzte sich allzusehr durch den Einfluss der medizinischen Klinik beherrschen. Gewiss tun sie sehr wohl daran, wenn sie, mit Mikrotom und Mikroskop ausgerüstet, den krankhaften Veränderungen in den nervösen Zentren nachspüren; sie haben ganz recht, wenn sie die chemischen Verhältnisse des Organismus erforschen und beim Studium der Geisteskrankheiten die exakten Untersuchungsmethoden der modernen

Klinik verwerten. Sie können hierin niemals zu weit gehen, doch immer unter der Voraussetzung, dass sie darob die Psychologie, den unleugbaren Einfluss des Geistes auf den Körper, nicht vergessen. Die Narcotica spielen in der Psychiatrie eine allzu grosse Rolle, und oft wäre ein gutes Wort, eine richtige Suggestion besser am Platze, als Morphium, Chloral oder Sulfonal.

Ich weiss gar wohl, dass die Insassen der Irrenanstalten oft zu stark verwirrt sind, um den fremden Suggestionen zu gehorchen; auch verlange ich vom Irrenarzte keineswegs, dass er mit zwingenden Beweisführungen die Wahnideen eines Verrückten oder die Delirien eines Tobsüchtigen bekämpfe.

Aber man trifft hin und wieder Psychiater, welche in Fällen von einfacher Neurasthenie oder Hysterie mit ganz gelinden Symptomen von Melancholie narkotische und beruhigende Mittel oder hydropathische Prozeduren anwenden. Eine intime Besprechung mit solchen Kranken richtet mehr aus, als Bäder, Douchen oder Chloral.

Es wäre dringend notwendig, dem Unterricht in der Psychiatrie ein ausgedehnteres Feld einzuräumen und den Studierenden Zutritt zu den Irrenanstalten zu verschaffen. Endlich sollte in dem medizinischen Lehrplane der Psychologie und der Philosophie mehr Platz eingeräumt werden.

Wir untersuchen unsere Kranken vom Kopf bis zu den Füssen, unter Anwendung aller unserer diagnostischen Hilfsmittel, aber wir versäumen darob, einen prüfenden Blick auf die ganze physische und psychische Persönlichkeit des Kranken zu werfen; indem wir uns allzusehr in Einzelnheiten verlieren, vernachlässigen wir das Ganze und verfallen in einen gewöhnlichen Materialismus, der mit den sogenannten materialistischen Doktrinen, dem Positivismus und Determinismus, nichts gemein hat.

Etwas mehr Begeisterung, ihr Jungen! Verlasset den Boden der Wissenschaft nicht, glaubet nicht an deren Bankerott, fahret fort, den Menschen mit der ganzen Schärfe der modernen Biologie zu studieren; aber vergesset es nicht: das Gehirn ist das Organ der Gedanken, und es gibt eine Ideenwelt!

Unsere heutige Generation zeitigt ein konfuses Gemenge von unüberlegtem Materialismus und von noch unbewussterem Spiritualismus.

In der medizinischen Praxis dominiert dieser gewöhnliche Materialismus. Derselbe ist keineswegs eine Eigenschaft der klaren Geister oder der grossen Denker, welche es wagen, die ihnen eingeimpften Glaubenssätze der Kritik der Vernunft zu unterbreiten. Man darf diese Art von Materialismus auch nicht bei den Jüngern des Positivismus oder des Determinismus suchen. Er wuchert im Gegenteil unter jenen Medizinern, denen das tägliche Einerlei ihrer Praxis genügt, deren Denken sofort erlahmt, sobald es das ausgetretene Geleise der medikamentösen oder physikalischen Therapie verlässt. Diese Praktiker geben sich denn auch mit „Heilungen nach Rezepten" völlig zufrieden, und ihr praktischer Materialismus verträgt sich sehr gut mit dem Restchen eines beschränkten Spiritualismus, das sie aus einer nach ihren Begriffen vollkommen genügenden Erziehung ins praktische Leben herübergerettet haben.

Eines hindert viele ernstgesinnte Mediziner an der Anwendung der Psychotherapie: Sie haben die Unzulänglichkeit unserer therapeutischen Hilfsmittel erkannt und sehen oft sehr klar ein, nach welcher Seite hin sie das Ziel ihrer Bestrebungen verlegen sollten.

Aber da gilt es, eine *erzieherische* Frage zu lösen, zu der wir durch den Unterricht an der Hochschule durchaus ungenügend vorbereitet sind.

Man hat uns gewissermassen abgerichtet, die geringsten Funktionsstörungen des Organismus, der „bête humaine", zu erkennen. Man hat uns die Hantierung mit den verschiedenen Droguen gelehrt, uns auch die primitivsten Begriffe von der Wirksamkeit der Höhenkurorte, der Hydrotherapie, der Elektrizität, der Massage beigebracht. Noch mächtigere Waffen verdanken wir der Chirurgie, welche den Studierenden durch die Klarheit ihrer Indikationen und die unbestrittenen Erfolge ihrer Eingriffe anzieht. Der junge Arzt stürzt sich beim Verlassen des Spitals in dem Gefühle vollster Sicherheit in seine Praxis; er weiss sich vom Kopf bis zum Fusse gewappnet.

Aber ach! nur zu schnell wird er sich dessen inne, dass man von ihm gar nicht so häufig eine elegant ausgeführte Operation oder einen kunstgerecht angelegten Verband begehrt, und dass seine Rezepte nur einen bescheidenen Bruchteil seiner Klienten befriedigen, während er sich angesichts der Nervenkranken, welche bald sein Sprechzimmer füllen, wie ein Wehrloser vorkommt.

Aber was nun? Er folgt den einmal angenommenen Gewohnheiten. Nachdem er mit halbem Ohre die Jeremiaden seiner Patienten angehört, untersucht er dieselben und konstatiert mit Leichtigkeit die Unversehrtheit aller Körperorgane. Nun zieht er sein Notizbuch hervor und verordnet: Kalium bromatum. Bei der nächsten Konsultation heisst es: Natrium bromatum oder Wechsel des Sirups. Endlich — o göttlicher Einfall! — nimmt man in der Verzweiflung seine Zuflucht zu dem Dreigestirn der kombinierten Bromsalze.

Der ungeheilte Patient wird sich nun wohl in seiner Entmutigung an irgend einen andern Arzt wenden, der, von der ihm erwiesenen Ehre entzückt, das mündliche Examen noch mehr ausdehnen, die Untersuchung noch geduldiger vornehmen und, die Stirn in die Hand gestützt, ernsthaft überlegen wird. Wollen wir wetten, dass er zuletzt Brom oder gar Natrium cacodylicum verschreiben wird?

Viele von uns haben die eben erwähnten Tatsachen in ihrer eigenen Praxis erleben können und sich dabei, wie ich, allen Ernstes fragen müssen: gibt es denn wirklich nichts Besseres zu tun?

Dritte Vorlesung.

Rationelle Grundlage der Psychotherapie. — Bildung der Vernunft. — Dualistischer Spiritualismus. — Psychophysische Wechselbeziehungen. — Mgr. *d'Hulst*. — Verschiedene Ansichten über das Kausalitätsverhältnis zwischen Geist und Körper. — Praktische Philosophie auf Grund der biologischen Beobachtung. — Wichtigkeit der Probleme von der Freiheit, dem Willen und der Verantwortlichkeit.

Ja freilich, es treten weitere und grössere Aufgaben an uns heran; aber um Erfolge zu erzielen, muss die Behandlung der Psychoneurosen, wie nicht genug betont werden kann, vor allem eine *psychische* sein.

Der Zweck der Behandlung soll darin gipfeln, dem Kranken die verloren gegangene *Herrschaft über sich selber* wiederzugeben; das Mittel aber, um dahin zu gelangen, heisst *Willenserziehung*, oder, genauer ausgedrückt, *Bildung der Vernunft*.

Man wird mir freilich einwenden, diese Erklärung rieche geradezu nach Spiritualismus; eine so nachdrückliche Betonung des psychischen Einflusses auf das Physische bedeute in der Philosophie die Rückkehr zum dualistischen Spiritualismus und vom nosographischen Standpunkte aus ein Zurückfallen in die primitive Auffassung der Neurosen als *morbi sine materia*.

Ich muss diese beiden Einwände zurückweisen.

Das Studium der Biologie zeigt uns eine beständige Wechselbeziehung zwischen den psychischen Erscheinungen und der Arbeit, die sich im Gehirn vollzieht.

Auch die eifrigsten Anhänger des Spiritualismus denken gar nicht mehr daran, diese These zu bekämpfen. Es finden sich unter den protestantischen Schriftstellern Denker genug, welche diesen Prämissen ohne Bedenken beipflichten; aber ihr Zeugnis erscheint anfechtbar, weil ihm der Makel der freien Forschung anhaftet. Darum ziehe ich es vor, aus einer orthodoxeren Quelle zu schöpfen.

Hören wir, wie klar ein katholischer Prälat, Mgr. *d'Hulst*[1], sich über diese Fragen äussert:

---

[1] M. *d'Hulst*, Mélanges philosophiques. Recueil d'essais consacrés à la défense du spiritualisme, etc., Paris, Ch. Poussielgue, 1892.

„Wir alle sind in der Bewunderung einer These grossgezogen worden, welche Herrn *de Bonald* in den Mund gelegt wird, die aber ursprünglich von *Descartes* herrührt: *Die Seele ist eine durch Organe bediente Intelligenz*. Diese Definition ist im höchsten Grade lückenhaft; aber das ist noch ihr kleinster Fehler.

„Die Intelligenz wird durch Organe bedient; ja gewiss, aber sie wird durch dieselben auch beherrscht, so gut wie ein jeder Hausherr mehr oder weniger von seinen Dienstboten abhängig ist.

„Wenn jener aber sich dazu verstehen liesse, sich selber zu bedienen, könnte er sich von dieser Abhängigkeit los machen.

„Das vermag die Seele nicht.

„Ihre Abhängigkeit ist eine noch grössere.

„Wenn es sich dabei nur um die niedrigere Stufe des geistigen Lebens, die Sinneseindrücke, oder auch nur um die Wahrnehmung der äussern Erscheinungen handelte, könnte man sagen:

„In allen ihren Operationen, welche ihren Ausgangspunkt in der Aussenwelt haben, hängt die Seele von den Organen ab. Aber in ihrem eigenen Leben, in ihren intellektuellen Operationen ist sie die Herrscherin, nicht die Magd, und ist in keiner Weise vom Körper abhängig. Schade nur, dass die Wirklichkeit der Theorie nicht ganz entspricht!

„Selbst in dem reinsten intellektuellen Akte spielt ein ebenso notwendiger als bedeutungsvoller Vorgang in den Organen mit.

„Im Schädel eines Denkers arbeitet das Gehirn. Dabei erfolgen Zellenvibrationen in der Rindenschicht des Gehirns; um sie zu ermöglichen, findet ein Blutzufluss statt, und zwar um so reichlicher, je intensiver die intellektuelle Anstrengung ist; daraus entsteht eine Erhöhung der Temperatur und schliesslich eine Verbrennung von organischem Stoff.

„Je mehr die Seele denkt, um so mehr verbrennt das Gehirn von seiner eigenen Substanz. Und so erzeugt die Arbeit mit dem Kopfe ganz ebenso wie die Arbeit der Muskeln, ja in noch höherem Masse, das Gefühl des Hungers."

Natürlich weicht der philosophische Theologe in seinen späteren Betrachtungen von diesen Prämissen ab; aber den Satz von jenem gleichzeitigen Zusammenwirken hat er mit grosser Klarheit proklamiert.

Übrigens zeigt sich Mgr. *d'Hulst* als mutiger Kämpe. Er geht nicht nur mit Stoss und Hieb auf seine Gegner, die Materialisten, los, sondern springt auch schonungslos mit denjenigen um, in denen er im Grunde genommen eher seine natürlichen Verbündeten erblicken sollte: mit den Spiritualisten von der Schule des *Cartesius*, denen er vorwirft, dass sie dem Materialismus das Wort reden.

Nachdem er aber mit so klaren Worten die Abhängigkeit der Seele vom Körper verkündet hat, macht er plötzlich halbe Wendung und nimmt den Animismus der Scholastiker wieder auf. Man höre:

„Die Materie ist nicht ganz ohne Tätigkeit; aber sie vermag sich nicht selbst zu regieren; sie agiert nicht, sie reagiert.

„Das moralische Wesen handelt, fühlt sich autonom, und selbst wenn es reagiert *(was gewöhnlich der Fall ist)*[1], legt es in seine Antwort auf die von aussen stammenden Reize etwas, was in der Frage nicht enthalten gewesen war."

Und das eben ist's, was ich nicht einzusehen vermag. Diese Autonomie des moralischen Wesens ist nur eine scheinbare. Die psychischen Reaktionen werden immer — keineswegs nur in den meisten Fällen — ausgelöst durch die Reize, welche unter irgend einer Form von aussen her kommen; durch sie werden auch die Ideenassoziationen erzeugt. Somit könnte man auch vom Menschen sagen: er agiert nicht, er reagiert.

Daran knüpft sich logischerweise das Zugeständnis, dass psychische Kundgebungen nicht denkbar seien ohne gleichzeitige Gehirnarbeit, ohne physikalisch-chemische Veränderungen der Hirnzelle, ohne organischen Verbrennungsprozess. *„Nihil est in intellectu quod non sit in cerebro"* — in diesem Sinne dürfte, mit einer kleinen Variation, ein berühmter Ausspruch hier seine Verwendung finden.

Es wird öfters behauptet, der Biologe müsse unbedingt bei dieser Feststellung der Wechselbeziehung oder der Gleichzeitigkeit beider Erscheinungen stehen bleiben und dürfe seine Forschungen unter keinen Umständen weiter ausdehnen. Dieses Recht wird ihm unter dem Vorwande abgesprochen, er dürfe sich nicht in das Gebiet der Metaphysik verirren, wobei man sich auf die Ungleichartigkeit der geistigen und der materiellen Welt stützt, um jeden Kausalnexus zwischen dem Gedanken und der Gehirntätigkeit zu leugnen.

Das bedeutet denn doch in meinen Augen eine gar zu rigorose Einschränkung der wissenschaftlichen Induktion.

Gewiss, es liegt zwischen den Bewusstseinserscheinungen und dem physischen Zustande des Gehirns eine Kluft, die scheinbar nicht zu überbrücken ist. Wir können es schlechterdings nicht verstehen, wieso die physiologische Arbeit der Hirnzellen einen Sinneseindruck wachrufen, einen Gedanken erzeugen kann. Wir können da nur mit *du Bois-Reymond* sagen: *Ignorabimus*, oder vielmehr, wenn wir die Zukunft aus dem Spiele lassen wollen: *Ignoramus*.

---

[1] Die eingeklammerte Stelle unterstreiche ich. Der Verfasser.

In der spiritualistischen Hypothese bereitet uns aber diese Ungleichartigkeit die nämlichen Schwierigkeiten. Es ist ebenso schwer, den unverkennbaren Einfluss der Seele auf den Körper zu verstehen, als den Beweis zu führen, dass die Gehirntätigkeit die Gedanken erzeugt.

Die rohe Tatsache ist vorhanden; das gleichzeitige Zusammenwirken existiert und wird von niemanden bestritten. Nun denn: wenn wir eine stetige Wechselbeziehung zwischen zwei Erscheinungen — und würden dieselben in unsern Augen noch so wenig zusammen passen — konstatieren können, dann bleibt uns nur die Wahl zwischen folgenden zwei Hypothesen:

Entweder gibt es zwischen den beiden gleichzeitigen Erscheinungen einen ursächlichen Zusammenhang, oder dann sind sie beide von einem dritten Faktor abhängig.

Die letztere Hypothese erinnert an die *Leibnitz*'sche Lehre von der „prästabilierten Harmonie", wobei das gleichzeitige Zusammenwirken als durch die Gottheit geordnet und vorherbestimmt gedacht wird. Nach dieser Auffassung ist kein Kausalzusammenhang zwischen dem Stich und dem nachfolgenden Schmerz zu entdecken; der letztere entsteht spontan in unserer Seele ganz genau in dem Augenblicke, wo wir den Stich erhalten. Doch lassen wir uns hier nicht näher auf diesen Punkt ein, man könnte darob den Verstand verlieren!

Während wir mit Hilfe unserer freien Phantasie solche Hirngespinste fertig zu bringen vermögen, rät uns der gesunde Menschenverstand, der andern Schlussfolgerung den Vorzug zu geben, welche die Annahme eines Kausalnexus zwischen zwei parallelen Erscheinungen zulässt.

Das genügt jedoch nicht. Wir müssen auch angeben, in welchem Sinne dieses Kausalverhältnis sich macht.

Und da finden wir, in der Mitte zwischen den dualistischen Spiritualisten und den Materialisten, die Idealisten.

Als später Schüler des griechischen Weisen *Parmenides* hat der irische Philosoph *Berkeley* die Behauptung aufgestellt, dass nur unsere Sinneseindrücke und unsere geistigen Vorstellungen wirklich existieren, dass das alles sei, was wir zu erkennen vermögen, und dass es uns nicht gestattet sei, hieraus auf die materielle Wirklichkeit der Dinge zu schliessen.

Gegen diese Prämissen lässt sich offenbar nichts einwenden; denn in der Tat leben wir nur von Sinneseindrücken, und es kann unmöglich bewiesen werden, dass dieselben tatsächlich einer Wirklichkeit entsprechen.

Das sind aber meines Erachtens nur Wortspielereien. Wir haben keinerlei Grund, uns als Halluzinierte zu betrachten, und wir machen einen grossen Unterschied zwischen der irrigen Meinung eines Deliranten und den allerdings immer psychischen, subjektiven Wahrnehmungen eines gesunden Menschen. Mögen auch der Anblick eines Stockes und die Empfindung des Schmerzes reine Sinneseindrücke sein, so zweifeln wir doch gewiss keinen Augenblick weder an der Stofflichkeit des Stockes, noch an der Existenz eines Kerls, der uns schlägt.

Wenn wir durch einen akrobatischen Gedankensprung uns zu diesen Höhen zu erheben vermögen, ziehen es dagegen die meisten Denker vor, auf sicherem Boden stehen zu bleiben. Ihnen leuchtet es besser ein, das Verhältnis einfach umzukehren, indem sie vor allem aus die Existenz unseres eigenen Ich und der Aussenwelt zugeben. Das Denken fassen sie dann wohl als das Produkt der Gehirntätigkeit auf.

Doch wir wollen die weitere Zergliederung dieser Begriffe und die Erörterung dieser transcendentalen philosophischen Probleme den Metaphysikern überlassen. Dass sie dabei zu Schlüssen gelangen, welche alle Geister befriedigen, erscheint sehr fraglich.

Im praktischen Leben und ganz besonders auf dem Gebiete der medizinischen Beobachtung setzt das psychisch und ethisch normale Leben die Integrität des Gehirns voraus, und wir nehmen an, dass jedem seelischen Vorgange ein besonderer Zustand gewisser Zellengruppen in dem Organ des Denkens entspreche. Zwischen der geistigen Arbeit und der dadurch erzeugten Ermüdung besteht ein enger Zusammenhang, der ebenso deutlich erkennbar ist, wie derjenige bei der Muskelarbeit. Wer weiss, ob wir nicht eines Tages imstande sein werden, auf diesem Gebiete das Gesetz von der Erhaltung der Energie demonstrieren zu können.

Ich weiss zwar sehr wohl, dass eine durchaus zuverlässige experimentelle Prüfung dieses Gesetzes auf allen Gebieten der Physik nicht stattgefunden hat.

Noch besser aber weiss ich, dass es noch sehr fraglich ist, ob dieses Gesetz auch für die Biologie wahr bleibt. Ja, ich will sogar mit gewissen spiritualistischen Philosophen zugeben, dass das Gesetz von der Erhaltung der Energie sich mit Hülfe einer anfechtbaren Induktion bis auf die biologischen Erscheinungen erstreckt. (*Ernest Naville*.) Eine Induktion bleibt freilich immer anfechtbar, weil sie sich über die Grenzen der reinen und einfachen Feststellung von Tatsachen hinauswagt. Wenn wir ein Gesetz aufstellen, verschaffen wir uns günstige Versuchsbedingungen, indem wir das Problem vereinfachen. Ist dann einmal das Gesetz auf Grund einer gewissen Anzahl von unbestrittenen Tatsachen in Kraft erklärt, dann dehnen wir es auf dem Induktionswege auf grössere Erscheinungskomplexe aus, indem wir es verallgemeinern. An Stoff zu Irrtümern, sowie an Gelegenheit zu übereilten Schlüssen ist in diesem geistigen Prozesse kein Mangel. Darum nehme ich denn auch an der *Naville*'schen „Anfechtbarkeit" der Induktion keinen Anstoss.

Vom logischen Standpunkte betrachtet, wäre es aber, wie mir scheinen will, ein noch anfechtbarerer Schluss, zu sagen, dieses Gesetz sei auf dem Gebiete der Biologie nicht wahr. Keine einzige greifbare Tatsache berechtigt uns, in diesem Sinne Schlüsse zu ziehen und für ein Gesetz, das sonst unter günstigen experimentellen Bedingungen überall Anklang findet, eine Ausnahme zu gestatten. Daraus, dass eine Wahrheit erwiesenermassen noch nicht wissenschaftlich erhärtet ist, darf noch nicht das Recht hergeleitet werden, das Gegenteil davon zu behaupten. Die Frage bleibt für so lange eine offene, als die wissenschaftliche Beweisführung nicht geleistet ist; ihre provisorische Lösung hängt von der persönlichen Auffassung des betreffenden Denkers ab.

Da jeder psychische Akt notwendigerweise an eine gleichzeitige Hirnarbeit, an feinste chemische Zellenveränderungen gebunden ist, so folgt daraus, dass es in der Pathologie keine Geistes- und Nervenstörungen ohne materielles Substrat geben kann. Wenn also das Gehirn eines Melancholikers, eines Hypochonders oder eines Neurasthenikers bei der Autopsie, und zwar bei der Untersuchung der schichtweisen Durchschnitte durch die Gehirnmasse keine morphologischen Veränderungen aufweist, so ist dies mehrenteils der Unvollkommenheit unserer Untersuchungsmittel zuzuschreiben; auch darf nicht vergessen werden, dass gewisse leichte Anomalien nach dem Tode gar nicht mehr nachweisbar sind. Wäre der Kopf durchsichtig, so dass wir mit unsern Augen alle die Strukturveränderungen verfolgen könnten, denen die Gehirnzelle im Moment ihrer Tätigkeit unterworfen ist, dann könnten wir die physiologische Arbeit schauen, welche das Denken nach allgemeiner Auffassung begleitet und nach unserer Ansicht erzeugt.

Sobald in jenem Zustande, den wir noch als normal bezeichnen, unsere Leistungsfähigkeit zu schwinden anfängt, oder unsere Gemütserregbarkeit sich übermässig steigert; sobald uns ein Gefühl der Traurigkeit beschleicht — mag dasselbe durch die äussern Umstände motiviert erscheinen oder nicht —: dann bedeutet das, dass etwas in unsern Neuronen sich verändert hat. Wir befinden uns schon jetzt in einem krankhaften Zustande, wenn man denselben mit dem idealen Gesundheitszustande, d. h. mit dem Wohlbefinden eines Organismus vergleicht, der bis ins Kleinste hinein tadellos harmonisch funktioniert.

Ich nehme also an, ohne freilich den Mechanismus der Veränderung selbst belauschen zu können, dass, was wir Gedanken nennen, nur ein Produkt der Hirntätigkeit sei. Daraus ziehe ich den Schluss, dass keine Störung dieser Gedanken vorkommen kann, ohne eine vorübergehende oder andauernde Veränderung der Hirnsubstanz. Demnach hat der Ausdruck *morbi sine materia* keine Existenzberechtigung.

Wozu also diese heiklen Probleme, für deren Richtigkeit uns die Beweise fehlen, in den Unterricht über Therapie hineinziehen? Begnüget euch doch damit, Kranke zu heilen, wenn es überhaupt möglich ist, und überlasset den metaphysischen Dunst den Philosophen! So werden gewiss viele meiner Kollegen denken.

Ich bin darüber anderer Meinung.

In der Ausübung der Heilkunst spielt der seelische Einfluss eine hervorragende Rolle.

Jeder Arzt — und wenn er von dem naiven Glauben an die Heilkraft sämtlicher Droguen besessen wäre —, treibt Tag für Tag Psychotherapie. Einige der Praktiker tun dies unbewusst, wie Molière's Mr. Jourdan sich unbewusst in Prosa ausdrückte. Andere, an Zahl leider noch schwach, üben bewusst diese psychische Beeinflussung aus. Wäre es nicht gut, diese moralische Beeinflussung zu analysieren, das Werkzeug, dessen man sich bedient, gründlich kennen zu lernen? Wie aber soll eine solche Prüfung möglich sein, wenn man die soeben flüchtig berührten philosophischen Probleme ganz ausser acht lässt?

Sobald ein Arzt, sei es infolge besonderer äusserer Verhältnisse, sei es aus persönlicher Liebhaberei, häufig in Berührung mit Nervenkranken kommt, kann er diese Punkte unmöglich ganz umgehen; er muss sich darüber durchaus und unter allen Umständen eine eigene Meinung bilden.

Ganz gewiss können diese allgemeinen Anschauungen von einem Denker zum andern unendliche Variationen durchlaufen. Man muss eben nicht alle Köpfe unter einem Hute vereinigen wollen. Aber ich kann keinen Arzt für so borniert halten, dass er imstande wäre, seine Kranken zu besorgen, ohne sich über diese in Dunkel gehüllten Fragen möglichste Klarheit verschafft zu haben.

Übrigens gestatten es auch die Patienten nicht, dass ihr Arzt hartnäckig in einer klugen Reserve verharre. Oft lenken sie schon nach den ersten Worten einer Konsultation das Gespräch auf das philosophische Gebiet hinüber.

Gestern beschrieb euch vielleicht ein Neurastheniker seine Anfälle von Mutlosigkeit, seine Schwächezustände, seine Angstgefühle, und rückte euch zuletzt mit der Frage auf den Leib: ist das alles physisch oder psychisch? Heute führt euch eine Mutter ihr Töchterchen zu. Das arme Kind ist nicht sehr intelligent und hat Mühe, in der Schule nachzukommen; dabei ist es starrköpfig, eigenwillig, launisch und, wenn es gereizt wird, imstande, seine eigenen Eltern zu schlagen. — Ich weiss nicht, was ich davon halten soll, erklärt die Mutter; ich bin mir nicht klar darüber, ob das alles auf einem Charakterfehler oder auf einer krankhaften Anlage beruht. — Ganz wie Sie wollen, meine Verehrteste, könnten Sie darauf erwidern; es kommt beides auf's gleiche heraus; da ist eben etwas nicht ganz in Ordnung, und darum ist Abhilfe dringend geboten.

In solcher Lage werdet ihr euch umsonst vornehmen, nur Leibesärzte zu bleiben. Zu irgend einer Antwort oder doch mindestens zum Nachdenken werdet ihr gezwungen sein, ihr möget wollen oder nicht. Ihr könnt ja eure Meinung für euch behalten, ihr seid keineswegs gezwungen, auf so indiskrete Fragen zu antworten, indem ihr den ganzen Tross eurer philosophischen oder religiösen Überzeugungen auskramt. Sehr oft werdet ihr sogar besser daran tun, zu schweigen. Bei vielen Personen werdet ihr einer gewissen schwerfälligen Mühe, euch zu begreifen, begegnen; auch müsst ihr es vermeiden, die Überzeugungen eurer Klienten ohne triftigen Grund zu erschüttern. Am häufigsten aber werdet ihr, in der euch zufallenden Rolle als wahrheitsliebende Diplomaten, euren Patienten nur das sagen, was euch im gegebenen Falle als das passendste erscheinen wird.

Nehmen wir an, es stehe vor euch ein etwas tyrannischer Vater, der euch seine Tochter wie eine Angeklagte zuführt, indem er sie vor euch auf die Armsünderbank schleppt und euch die sonderbaren Grillen des jungen Mädchens aufzählt. Dabei ist er entschlossen, mit doppelter Strenge einzuschreiten, wenn es geboten erscheine, diesen Charakter mürbe zu kriegen. Jetzt zaudert nicht, ihm begreiflich zu machen, dass das seltsame Gebahren seiner Tochter auf einen krankhaften Zustand und gar nicht etwa auf einen gewöhnlichen Charakterfehler zurückzuführen sei.

Der Rat ist gut, möget ihr nun heimlich dieser Scheinunterscheidung beipflichten oder nicht; er schliesst auch keinerlei Lüge in sich und ist der betreffenden Person gegenüber der einzig mögliche, der einzige, der tief genug in ihr Verständnis einzudringen, ihren

Seelenzustand umzustimmen vermag. Ihr werdet oft schon unmittelbar nachher die glückliche Wirkung eures Einschreitens konstatieren können.

Wenn dieser Vater nicht selbst ein Sonderling, oder wenn am Ende auch er etwas aus dem Gleichgewichte geraten ist, so wird er sich allmählich besänftigen und in Zukunft wohlwollende Nachsicht üben, dieweil man bekanntlich einem *Kranken* verzeiht, während man einen *Ungeratenen* schulmeistert. Das junge Mädchen dagegen wird, trotz ihrer offenbaren Geistesmängel, einen Hauch der Milde und Güte zu spüren bekommen. Mit den einfachen Worten: „das ist krankhaft", denen ihr die nötigen weitern Erläuterungen ausschliessen könnt, habt ihr Öl ins Räderwerk gegossen und für die Gesundheit eurer Klientin mehr getan, als durch Verordnung von Douchen und Bromsalzen.

Ein andermal habt ihr einen grossgewachsenen jungen Mann mit etwas schlaffer Haltung vor euch, der erklärt, er *sei* Neurastheniker, er *könne* nicht arbeiten, weil er wirklich hierfür zu schwach *sei*; er *könne* keine Widerwärtigkeiten ertragen, und Mutter und Schwester, welche voll Angst der Konsultation beiwohnen, sollen das Unmögliche tun, um ihn nicht zu „enervieren".

Wollt ihr nun versuchen ihm zu beweisen, dass er bis zu einem gewissen Grade imstande sei, diese Reizbarkeit zu bekämpfen, dann schaut er euch mit grossen Augen an und verschanzt sich hinter der Tatsache, dass er eben Neurastheniker *sei*. Und zwar sagt er euch das im gleichen Tone, wie wenn er etwa erklärte: ich bin Phthisiker oder Diabetiker.

Lasset euch aber dadurch nicht beirren und bekämpfet dieses Vorurteil! Zeiget ihm jetzt, dass diese übertriebene Reizbarkeit trotz ihres krankhaften Charakters bekämpft werden könne, und dass sie nur die Folge einer leichten psychischen Störung sei, auf die er durch Bildung seiner Vernunft einen merklichen Einfluss ausüben könne.

Aber saget ihm das nicht in einem barschen Tone, nicht mit ein paar geringschätzigen Worten, worin ihr durchblicken lasst, dass ihr den krankhaften Charakter seines Zustandes im Grunde gänzlich in Abrede stellet; werft ihm nicht einen schwierigen Charakter oder totale Energielosigkeit vor! Damit würdet ihr ihn nur verletzen und jeglichem Versuch einer Behandlung zum voraus den Faden abschneiden.

Lasset euch vielmehr herbei, in ihm einen Kranken, einen Neurastheniker zu erblicken, da er doch einmal an dieser Benennung festhält. Zeiget ihm aufrichtige Teilnahme, befreundet euch mit ihm und beweiset ihm durch passend gewählte Beispiele aus eurer Erfahrung als Mensch und als Arzt, was der moralische Mut, das stetige Streben nach Vervollkommnung unserer moralischen Persönlichkeit vermögen.

Der psychotherapeutische Gedanke, den man dem Kranken unterbreiten will, kann je nach dem Fall und dem vorgesteckten Ziel ein sehr verschiedener sein. Er muss sich jeweilen den geistigen Fähigkeiten der Kranken sowie den äussern Umständen anpassen. Ja, er darf sich sogar diametral widersprechen, je nachdem man sich damit an den Kranken selber oder an seine Angehörigen wendet. Auf der einen Seite lenkt man die Aufmerksamkeit des Patienten auf die Wirksamkeit des ethischen Strebens, als ob er gar nicht eigentlich krank wäre, auf der andern Seite verlangt man von den Angehörigen durch die Betonung des krankhaften Charakters dieser oder jener geistigen Eigentümlichkeit des Patienten eine wohlwollende Nachsicht. Ein harmonisches Verhältnis zwischen zwei Personen ist bald hergestellt, wenn eine der andern auf diese Weise entgegenkommt.

Übrigens werden wir später noch davon reden, wie notwendig es sei, an den therapeutischen Bemühungen nicht nur die Kranken, sondern auch ihre Umgebung teilnehmen zu lassen; können doch in vielen Fällen nur mit Hilfe dieses Mittels vollständige und dauerhafte Resultate erzielt werden.

Ich weiss wohl, dass man für die praktische Ausübung dieser „Psychotherapie nach Samaritergrundsätzen" absolut keine fest abgeschlossene Meinung in philosophischen Dingen zu haben braucht. Hier genügen Takt und Güte vollständig.

Von katholischen Priestern habe ich öfters gesehen, wie sie in etwas veränderter Form dasjenige wiederholten, was ich im Verlaufe einer Behandlung oftmals meinen Kranken gesagt hatte, und wie sie mich so in meiner Arbeit besser unterstützten, als manch ein Kollege dies vermocht hätte. Ich überrasche die Herren Geistlichen am Krankenbette meiner Klienten, und hier finden wir uns auf einem gemeinsamen Gebiete wieder, mögen auch unsere Ausgangspunkte noch so weit auseinander liegen.

Man braucht also, um in die Brüderschaft der Psychotherapeuten zu treten, durchaus nicht ein besonderes Erkennungszeichen vorzuweisen, noch auch ein Glaubensbekenntnis abzulegen. Aber, in täglicher Berührung mit diesen in ihrem tiefsten moralischen Sein getroffenen Kranken und in dem steten Bestreben, auf psychischem Wege auf sie einzuwirken, glaubte ich, die Gedanken, die mich dabei bisher geleitet, näher präzisieren zu sollen; oft auch sah ich mich genötigt, diese Fragen mit meinen Kollegen oder mit gebildeten, sich dafür interessierenden Kranken zu diskutieren.

Deshalb kann ich mich nicht dazu entschliessen, einfach einen Bericht über meine Methode abzustatten; ich halte es vielmehr für geboten, auch auseinanderzusetzen, auf welche philosophische Grundlagen ich mich dabei gestützt habe, und auf den roten Faden hinzuweisen, dessen Spuren sich durch das ganze Gewebe meiner therapeutischen Versuche verfolgen lässt.

Ich habe schon gesagt und wiederhole nachdrücklich, dass ich mir nicht anmasse, die Wahrheit für mich gepachtet zu haben, indem ich sehr wohl begreife, dass man auch andere Standpunkte einnehmen kann. Ich bin zufrieden, mit dem Kopfe denken zu dürfen, den mir die Natur auf die Schultern gesetzt hat; er reagiert eben nach seiner besondern Manier.

In den praktischen Schlussfolgerungen bin ich oft mit Geistern zusammengetroffen, die von dem meinigen grundverschieden waren, und zwar mit Gläubigen von der strengsten orthodoxen Richtung; wir hatten nichts miteinander gemein, als das gleiche wohlwollende Interesse für die Kranken, den gleichen Wunsch, ihnen auf dem Wege der seelischen Behandlung Hilfe zu bringen. Wir waren einander in einer gewissen Höhe über der Erde begegnet, wie zwei Fesselballons, welche, einer an den andern gekettet, beide gemeinschaftlich den nämlichen Weg zurücklegen, aber mit ihren Kabeltauen an diametral entgegengesetzten Punkten angebunden sind.

Den denkenden Arzt beschäftigen auf seinem Lebenswege beständig wieder auf's neue die Probleme von der *Freiheit*, dem *Willen* und der *Verantwortlichkeit*.

Wenn nun einem Arzte die banale Aufgabe, Besuche auf Besuche zu machen und Medikamente zu verschreiben, genügt, um sein Leben ganz auszufüllen, dann kann er ja jenen die Seelenruhe störenden Reflexionen füglich aus dem Wege gehen.

Hoffentlich wird aber die Mehrheit meiner Herren Kollegen das Bedürfnis empfinden, in ihren Betrachtungen einen Schritt weiter zu gehen. Gewiss werden nicht alle den gleichen Weg einschlagen, noch auch zu den gleichen Endschlüssen gelangen. Viele werden unterwegs, zwischen Vernunft und Gefühl hin und her schwankend, stehen bleiben; aber alle sollten, wie mir scheint, sich mindestens für diese Dinge interessieren, ist es doch kaum denkbar, dass ihre Reflexionen ohne Einfluss auf ihre Therapie bleiben würden.

So möge man mir denn die nachfolgenden Abschweifungen zugute halten, welche in meinen Augen für die praktische Ausübung der Medizin von hervorragender Wichtigkeit sind, nicht nur für die allereinfachsten therapeutischen Massnahmen, sondern auch für die Lösung gerichtsärztlicher Fragen. In Wirklichkeit tauchen diese Probleme nicht bloss bei der Prüfung der kriminellen Fragen vor dem Arzte auf, wobei er sich erst recht der ganzen praktischen Wichtigkeit seiner Auslegung bewusst wird.

Zwichen den Nervenkranken jeder Gattung und den Delinquenten oder Verbrechern gibt es viel mehr Berührungspunkte, als man denkt. Neuropathen wie Delinquenten sind antisoziale Elemente. Darum hatte schon Plato die „Hypochonder" von seiner Republik ausgeschlossen.

Ja, man könnte in Wahrheit überhaupt alle Kranken als „antisozial" bezeichnen. Sie alle sind an der Erfüllung ihrer Aufgabe verhindert und hemmen die Tätigkeit der andern. Aber die Kranken, welche sterben, oder die, welche geheilt werden, ja selbst die bleibend Unheilbaren stellen im Leben Tote, Verwundete und Invalide dar. Die einen werden beerdigt, die andern gepflegt, geachtet, in Ehren gehalten.

Die Delinquenten sind in unseren Augen nichts anderes als schlechte, ihres Kleides unwürdige Soldaten, die man disziplinarisch bestraft oder gar füsiliert. Die Nervenkranken dagegen bilden die Nachzügler der Armee. Ihnen gegenüber ist man etwas weniger strenge, da sie ihre Marschunfähigkeit mehr oder weniger motivieren; sie sind marod, das sieht man ein. Aber lieb hat man sie nicht, sondern ist gleich bereit, ihnen den Vorwurf der Faulheit, der Simulation, der Energielosigkeit ins Gesicht zu schleudern. Man weiss nicht recht, soll man ihren „Bobos" Glauben schenken und sie ins Krankenzimmer spedieren, oder sie tüchtig anfahren und zum Manöver schicken.

Damit streifen wir bereits das Problem von der Freiheit und Verantwortlichkeit, und nur der Mangel einer klaren Entscheidung lässt uns bezüglich der zu ergreifenden Massnahmen im Unklaren.

Noch brennender wird die Frage in jenen häufig vorkommenden Fällen, wo geistig Entartete oder ethisch Defekte in Konflikt mit der Justiz geraten sind. Ihr abnormer Seelenzustand, ihre Impulsivität treibt sie zu strafbaren Handlungen, zu Sittlichkeitsdelikten, zu Gewalttätigkeiten, selbst zu Mordtaten an.

Da drängt sich dem Arzte das Problem von der Freiheit auf, aber nicht mehr nur wie eine einfache, theoretisch interessante Frage, sondern in dramatisch ergreifender Form, weil von seinen Aussagen unter Umständen die ganze Zukunft eines seiner Mitmenschen abhangen kann. Wie man sieht, verirre ich mich durch Berührung dieser philosophischen Fragen durchaus nicht etwa auf ein uns fremdes Gebiet, sondern bleibe im Gegenteil auf demjenigen der praktischen Medizin, im klaren Hinblick auf die Pflichten, die sie uns auferlegt. Meines Erachtens sollte jeder Arzt, der seine Aufgabe richtig erfasst hat, sich für diese Gegenstände interessieren und zu einem Abschlusse zu gelangen suchen. Derselbe wird, wie ich wohl weiss, je nach der Lebensanschauung des ärztlichen Denkers ein anderer sein; aber wir dürfen auf den Sieg der auf die Biologie und die Naturphilosophie sich stützenden gerechten Urteile hoffen.

Vierte Vorlesung.

Das Problem von der Freiheit. — Determinismus. — *Flournoy; Ernest Naville*. — Imperativer Charakter der Gründe zum Handeln. — Populäre und philosophische Auffassung von der Freiheit. — Unsere Abhängigkeit von unserer angebornen und erworbenen Geistesanlage. — Moralische Orthopädie. — Wertlosigkeit des Begriffs: Wille.

Zu gewissen Schlussfolgerungen gelangen wir leicht, wenn wir nur die allereinfachste Logik anwenden. Wir wagen jene aber nicht auszusprechen. Sie scheinen mit der öffentlichen Meinung in so scharfem Widerspruche zu stehen, dass wir befürchten müssten, ihretwegen moralisch gesteinigt zu werden, weshalb wir klugerweise unser Licht unter dem Scheffel behalten. Ein solches *Noli me tangere* ist auch das Problem von der Willensfreiheit.

Unterbreitet dasselbe einem einzelstehenden Individuum in einer rein theoretischen, jeder leidenschaftlichen Beimischung entbehrenden Diskussion, so wird jenes ohne grosse Mühe euren Vernunftsschlüssen zu folgen vermögen, ja es wird selber noch Argumente zugunsten des Determinismus beisteuern. Wendet euch aber damit an den grossen Haufen oder an das einzelne Individuum in einem Augenblicke, wo es unter dem erschütternden Eindruck eines empörenden Verbrechens steht, und ihr werdet einen Sturm der Entrüstung entfesseln und in den Augen der öffentlichen Meinung als geächtet dastehen, wenn ihr etwa die Verantwortlichkeit leugnet.

Und doch handelt es sich da um ein wichtiges Problem, von dessen Lösung unsere Haltung gegenüber unsern Mitmenschen abhängt, sowohl in den brennenden Fragen unserer eigenen Erziehung und derjenigen der andern, als auch in der Frage der Unterdrückung von Delikten und Verbrechen.

Meine Überzeugungen in diesem Punkte haben mir bei der Ausübung der Psychotherapie so grosse Dienste geleistet, dass ich nicht mit Stillschweigen darüber hinweggehen kann.

Mag man nun im Gehirn das Organ erblicken, welches sozusagen die Gedanken produziert, oder mag man sich damit begnügen, als ängstlicher Biologe den „psychophysischen Parallelismus" zu betonen, so gelangt man mit absoluter Notwendigkeit zum Determinismus.

Hierüber äussert sich in sehr bestimmter Weise ein philosophischer Mediziner, der Professor *Flournoy*[1]. Er spricht sich über die Freiheit folgendermassen aus:

„Es erscheint als ein aussichtsloses Unternehmen, gegenüber einem so scharf präzisierten Grundsatz wie dem psychophysischen Parallelismus die Freiheit retten zu wollen; und es ist auch aussichtslos, wenn die Schlüsse der experimentellen Psychologie für die Lösung einer solchen Frage als genügend angesehen werden.

Denn hier gibt es eben keine Ausflüchte mehr. Da hilft es nichts, über den Nexus zwischen Seele und Körper nachzugrübeln; denn, welcher Art dieses Band auch sein mag: von dem Augenblicke an, wo wir diesen konstanten Parallelismus als bestehend betrachten, ist die Aufeinanderfolge sämtlicher Bewusstseinserscheinungen von der Wiege bis zum Grabe notwendigerweise in gleicher Weise geregelt, wie in der Physik die Aufeinanderfolge der Erscheinungen auch eine gegebene ist.

Selbst dann, wenn es gelingen würde, die Freiheit, d. h. den freien Willen, aus dieser Klemme zu erlösen, hätten wir dabei nicht viel gewonnen; denn es ist nicht nur der psychophysische Parallelismus, welcher unsere Freiheit unterdrückt, schon die Wissenschaft negiert sozusagen prinzipiell diese Freiheit.

Und wirklich, was will das anderes heissen, eine Begebenheit festzustellen, zu verstehen, sie zu einem Objekt der wissenschaftlichen Forschung zu machen, als sie *auf ihre Ursachen* zurückzuführen, das will sagen, die vorausgegangenen Verhältnisse genau festzusetzen, denen sie selbst ihr Dasein mit zwingender Notwendigkeit verdankt? Eine Tatsache ergründen, heisst immer sie auf andere Tatsachen zurückführen, in denen sie mit inbegriffen war und kraft deren sie so und nicht anders sein *musste*. Das Grundaxiom jeder Wissenschaft ist eben der absolute Determinismus; denn die Wissenschaft, kann man sagen, hört da auf, wo die Freiheit anfängt."

Aber als Philosoph, der unter dem Einflusse seiner Erziehung die Verehrung für den religiösen Spiritualismus beibehalten hat, konstatiert Dr. *Flournoy* mit Bedauern diesen offenkundigen Zwiespalt zwischen Wissenschaft und Moral und glaubt sich in einer Sackgasse zu befinden. „Die Wissenschaft," fährt er fort, „schliesst die Willensfreiheit aus, als bedeutete sie geradezu ihre Negation, während die Verantwortlichkeit dieselbe als ihre Grundbedingung für sich in Anspruch nimmt. Muss man denn durchaus zwischen den beiden wählen und die Wahrheit der ersteren der Realität der

---

[1] *Métaphysique et psychologie*, Genève, 1890.

letzteren zum Opfer bringen? Fürwahr eine heikle Entscheidung, da es ebenso hart erscheint, auf die eine wie auf die andere verzichten zu sollen!"

Ich sehe nicht ein, dass man notwendigerweise zu diesem schwierigen Dilemma kommen muss.

Wer die Wahrheit lieb hat, soll ihr treuer Anhänger bleiben. Wenn die Vernunft, dieses zuverlässigste unserer Arbeitswerkzeuge, uns nicht nur durch Erfahrung, sondern auch durch Induktion zu klaren Gesichtspunkten führt, dann dürfen wir furchtlos und kühn weiter schreiten.

Wohl möglich, dass wir uns anfänglich zu scheinbar etwas heiklen Schlüssen hingerissen fühlen; wir fürchten vielleicht, zu gemeingefährlichen Umsturz-Ideen zu gelangen.

Das halte ich indessen für eine Täuschung. Es steckt insgeheim in einem jeden von uns ein ängstlicher Konservativer, der den Fortschritt nur widerwillig annimmt und vor den Folgen der neuen Ideen das Kreuz schlägt, ohne nur recht zu wissen, wie sie beschaffen sein werden.

Die Gläubigen einer jeden Religion vermeiden absichtlich diese als gefährlich verrufene Klippe, auch wenn noch niemand an derselben Schiffbruch gelitten hat. Sie betrachten die menschliche Vernunft als ein trügerisches Instrument und hüten sich wohl, das Aggregat ihrer Dogmen in die auflösende Lauge der freien Forschung einzutauchen. Ihre Position erscheint mir zwar unvernünftig, doch hat sie wenigstens den Vorteil, uneinnehmbar zu sein; denn mit einem, der erklärt: „Ich *prüfe nicht mit dem Verstand*, ich glaube", lässt sich mit Beweisgründen nicht mehr streiten.

Stellt man sich aber entschieden auf den wissenschaftlich-philosophischen Boden, dann muss man das Eselein seiner Logik hübsch trotten lassen: es führt uns geradeswegs zum Determinismus, es sei denn, dass wir es mit Gewalt zur Umkehr zwingen.

Das letztere hat, wie mir scheint, *Ernest Naville* in seinem Buche über den freien Willen[1] getan, das wir jetzt kurz an der Hand seiner in der Vorrede kunstvoll zusammengefassten Auseinandersetzungen näher untersuchen wollen.

„Alles," sagt er, „was der Mensch — mit Ausnahme der rein instinktiven Bewegungen — macht, ist das Produkt seines Willens. Aber den Willen aufzufassen als ein freies Können und als den alleinigen Schöpfer seiner Taten, das ist ein Irrtum, von dem man sich mit Leichtigkeit durch ein etwas aufmerksames Studium der Psychologie kurieren lassen kann."

---

[1] *Le libre arbitre*, étude philosoph., par *E. Naville*, Genève, 1898.

Steht da die vielgepriesene menschliche Freiheit nicht schon recht armselig vor uns? Das Postament, auf welches man sie stellt, schrumpft in dem Masse zusammen, als man das Problem von den Willensäusserungen kritisch untersucht. Doch hören wir weiter:

„Eine Willensäusserung, der eine Handlung entspringt, ist eine aus zahlreichen Faktoren zusammengesetzte Tatsache, welche zu subtilen Untersuchungen Anlass gibt.

„Die Fähigkeit zu handeln lässt sich nicht denken ohne die Triebfeder der Sensibilität und die Motive der Intelligenz, und diese Motive werden nur in dem Masse zu Triebfedern, als sie gewisse Wünsche erzeugen; die Vorstellung einer Tat übt keinen Einfluss aus, wenn mit diesem Gedanken nicht entweder eine Anziehung oder ein Widerwille verknüpft ist. Wir stehen also da sehr verschiedenen und meist ganz entgegengesetzten Impulsen gegenüber."

Merken wir uns diese Prämissen gut; sie sind ja die Grundgedanken des Determinismus. *Naville* fährt fort:

„Der Determinismus behauptet, diese Impulse veranlassen unsere Handlungen mit absoluter Notwendigkeit; die Anhänger der Willensfreiheit dagegen lehren, dass wir, verschiedenartigen Impulsen unterworfen, die Macht haben, zu wählen, den einen derselben zu widerstehen oder den andern nachzugeben. Die menschliche Freiheit ist keineswegs eine unbeschränkte; sie äussert sich nur in der Fähigkeit, zwischen den Möglichkeiten, welche sich schon vor dem Willensakte darbieten, zu wählen; denn der Wille kann sich sein Objekt nicht selbst schaffen."

Das verstehe ich nun, offen gestanden, nicht mehr.

Wer sieht denn in Wirklichkeit nicht ein, dass der *Akt des Wählens* und des *Widerstehens* oder *Nachgebens* gewissen Impulsen gegenüber just eine *Willensäusserung* im eigentlichsten Sinne des Wortes bedeutet? Nun denn, nach *Naville* selbst ist eine Willensäusserung stets *determiniert* durch die Anziehung oder den Widerwillen, welche sich an einen Gedanken knüpfen. Wenn wir wählen, widerstehen, oder nachgeben, so geschieht es offenbar aus dem Grunde, weil wir dazu, sei es durch die *Gefühle,* oder durch die *Motive der Intelligenz* angetrieben werden. Also *geben wir* immer einer Anziehung oder einem Widerwillen *nach.* Das ist aber die Freiheit des vom Magneten angezogenen Eisenstückes.

Dieser Paralogismus, der darin besteht, von der Gruppe der Willensäusserungen die Akte des Wählens, Widerstehens und Nachgebens auszuschliessen, ist das einzige Argument, welches dieser hervorragende christliche Philosoph dem deterministischen Gedanken entgegenstellt. Sofort nachher verlässt er das Gebiet der Vernunft und der wissenschaftlichen Untersuchung, um seinen Befürchtungen in betreff der gefährdeten Moral Ausdruck zu verleihen.

„Um die Wichtigkeit der angeregten Frage zu empfinden, genügt die Erkenntnis, dass es ohne ein freiheitliches Element keine Verantwortlichkeit gibt und dass die absolute Leugnung der Verantwortlichkeit gleichbedeutend ist mit dem Umsturz des Grundbaues aller unserer moralischen und sozialen Begriffe, gleichbedeutend auch mit der Absicht, aus dem Wörterbuch die Wörter „moralisch gut" und „moralisch schlecht" zu streichen, oder ihnen wenigstens, falls man sie stehen lassen will, einen ganz andern Sinn zu geben als den, welchen das Menschengeschlecht ihnen von jeher beigelegt hat."

Nun ja, es muss deutlich betont werden, dass die Wörter immer eine ganz andere Bedeutung annehmen, wenn man sich mit einer philosophischen Analyse beschäftigt oder wenn man auf dem Wege wissenschaftlicher Induktion vorgeht.

In der gewöhnlichen Sprechweise sind die Wörter Schablonen und stellen lückenhafte Begriffe dar. Sie geben jeweilen den ersten Eindruck wieder und lassen sich unbekümmert um die wissenschaftliche Wahrheit anwenden. So werden wir stets sagen, die Sonne gehe auf und unter, obschon wir sehr wohl wissen, dass dies nur scheinbar geschieht und mit der Erdrotation zusammenhängt. So reden wir vom Luftballon, der frei im Luftraum schwebe, wobei wir absichtlich vergessen, dass er nur dem Gesetze von der Dichtigkeit der Gase gehorcht.

Sobald man die vom wissenschaftlichen Standpunkte richtigen Prämissen des Herrn *Naville* zugibt, dass nämlich eine Willensäusserung durch die Impulse der Sensibilität oder die Motive der Intelligenz *determiniert* sei, gibt es keine Ausflüchte mehr. Dann existiert auch kein Grund mehr, die drei Wörter: *wählen*, *widerstehen*, *nachgeben* in eine besondere Klasse zu versetzen. Es bleibt rein nichts anderes übrig, als beim Determinismus anzulangen, oder dann der Vernunft mit aller Bestimmtheit Valet zu sagen.

Man fürchtet die Lehre des Determinismus, welche besagt, dass diese Impulse unsere Handlungen mit absoluter Notwendigkeit zustande bringen, und gerade gegen diesen Fatalismus lehnt man sich auf. Man denkt dabei merkwürdigerweise nur an die Impulse zum Schlechten, fasst nur die Triebe der „Bête humaine" ins Auge und wendet sich vom Determinismus ab, als ob er ein empörendes Sklaventum, die gewaltsame Unterdrückung der Moral in sich schlösse. Darob vergisst man, dass wir auch die Sklaven des Guten und Schönen und der Gesetze der Moral sein können, dass wir auch höhern Impulsen unserer Sensibilität nachgeben und dass endlich die Motive der Intelligenz zu mächtigen Triebfedern werden durch die damit verbundene Anziehung oder den Widerwillen, so dass gerade sie es sind, welche oft unsere Willensäusserungen bestimmen.

Was wir auch tun mögen, so *gehorchen* wir immer irgend einem Gefühl, einem Gedanken. Wenn wir irgend eine beliebige Handlung — die Selbstaufopferung eines Märtyrers ganz ebensogut, wie das scheusslichste Verbrechen — kritisch untersuchen: immer werden wir eine unabweislich gebieterische Triebfeder entdecken, welche die Tat veranlasst hat. Bei dem einen ist es ein angestammter, durch die Erziehung gefestigter Seelenadel; es sind moralische oder religiöse, durch den Familienkreis oder die soziale Umgebung des Betreffenden sorgfältig gehegte und gepflegte Überzeugungen; bei dem andern sind es die furchtbaren Impulse des tierisch rohen Egoismus, die niedrigen Leidenschaften, welche als Unkraut im fruchtbaren Humus der menschlichen Gesellschaft wuchern.

Und jedesmal *geben wir dem Impulse nach*, der, entsprechend unserer geistigen Anlage, seine Zaubermacht auf uns ausgeübt hat.

Wir vergessen auch, dass, selbst wenn wir mit einem gewissen Fatalismus die unumgängliche Notwendigkeit einer durch die Umstände vorausbestimmten, *unvermeidlichen* Tat erkennen, wir damit noch in keiner Weise die Zukunft selber vorauszubestimmen vermögen. Sogar der bis zum Sklaven des Schlechten herabgesunkene Schuldige kann den Weg zum Guten wieder finden. Er kann den Impulsen seiner perversen Sensibilität entrinnen und die Anziehungskraft der edelsten Vernunftgründe und einer ethischen Lebensanschauung empfinden.

Die Lehre des Determinismus schliesst weder die Reflexion, noch die Einkehr in sich selbst, noch die ethische Entwicklung aus. Der Determinismus beschränkt sich darauf, die Verkettung der bewussten Handlungen *festzusetzen*, und erklärt dieselbe durch den beständigen Einfluss der bekannten Triebfedern auf unser denkendes Gehirn.

Es braucht, wie mir vorkommt, eine sehr geringe Kühnheit der Gedanken, um vor diesen durch die Konstatierung der Tatsachen gebotenen Schlussfolgerungen zurückzuschrecken, dafür aber eine übertrieben grosse Ängstlichkeit, um in diesen Wahrnehmungen eine Gefahr für die Moral zu erblicken.

Wenn denn doch die kritische Untersuchung uns zur Negation der Willensfreiheit führt, warum behalten wir dann gleichwohl die Ausdrücke: Freiheit, Willen, sogar Verantwortlichkeit bei? Warum sagt der überzeugteste Determinist jeden Tag: Ich bin frei, ich will? Nur deshalb, weil er diese Wörter im Sinne des gewöhnlichen Sprachgebrauches anwendet.

Es wäre freilich ein schwieriges und vergebliches Unternehmen, die Sprache, diesen lebendigen und unmittelbaren Ausdruck unserer momentanen Eindrücke, reformieren zu wollen und diesen Bildern durch philosophische Motive den Stempel der Schwerfälligkeit aufzudrücken.

Lassen wir im Verkehr mit unsern Mitmenschen den Wörtern ihre gewöhnliche Bedeutung; bei den heiklen Untersuchungen aber, zu denen uns ein philosophischer Gedanke führt, können wir uns füglich Auslegungen gestatten, welche selbst dann noch ihre Richtigkeit beibehalten, wenn sie den landläufigen Vorstellungen direkt zu widersprechen scheinen.

In der allgemeinen Redeweise, welche nicht all den feinen Schattierungen des Gedankens zu folgen vermag, bedeutet *frei sein* so viel wie *tun können, was man will*. Wir nennen uns frei, wenn kein materielles Hindernis, keine organische Störung sich unsern Willensregungen gebieterisch entgegenstellt. Schranken auf der einen, Krankheiten auf der andern Seite, das sind die einzigen Hindernisse, welche in den Augen eines nicht reiflich Überlegenden die menschliche Freiheit eindämmen.

Aber prüfet einmal auf weniger summarische Weise euer oder eurer Mitmenschen Verhalten, und ihr werdet mit Schmerzen konstatieren müssen, dass wir auch die Sklaven unserer angebornen oder erworbenen Gemütsanlage sind. Du, junger, sonst so begabter Mann, zeigst eine fatale Wankelmütigkeit der Gesinnung, häufige Schwächezustände, und wirst dir dessen täglich bewusst, dass du nicht so frei bist, wie du es gerne von dir sagen möchtest. Sie, geehrte Frau, die Sie nach Ihren eigenen Aussagen infolge von Vererbung oder Atavismus leicht reizbar sind, Sie vermögen Ihre Impulse so wenig im Zaum zu halten, dass Sie soeben erklärt haben: *C'est plus fort que moi!* Es gibt also doch etwas, was noch stärker ist, als Ihr Wille, und zwar in Ihnen selbst und ohne dass jemand Ihnen Zwang antut?

Der Alkoholiker glaubt auch an seine Freiheit und ist imstande, euch zu sagen: Ich bin ganz frei, zu trinken oder nicht. Der arme Mensch sieht nicht ein, dass er der Sklave von krankhaften Bedürfnissen seines Organismus ist, der die Enthaltsamkeit nicht vertragen kann, und dass er unter dem Einfluss dumpfer Impulse handelt, welche durch moralische, aber ihrer Reinheit und Würze längst beraubte Gedanken nur ungenügend gezügelt werden.

Wie viele Menschen gibt es nicht, welche sich mit ihrem Willen brüsten und im Grunde doch nichts anderes sind, als was man gewöhnlich „Starrköpfe" nennt, impulsive Naturen und Sklaven ihrer Impulse!

Mit oder ohne unser Wissen stossen wir auf unserem Wege immer wieder auf oft unübersteigliche Hindernisse, die uns vom Handeln abhalten, auch wenn unsere Freiheit, im gewöhnlichen Sinne des Wortes, voll und ganz vorhanden zu sein scheint. Die philosophischen Verteidiger der Lehre von der Willensfreiheit haben schon dem Worte Freiheit eine ganz andere Bedeutung beigelegt, als es im landläufigen Sprachgebrauche hat. Sie sprechen da von einer relativen Freiheit, wo sie in den Augen des nicht Denkenden als eine absolute Freiheit erscheint. Das ist nicht mehr ein freies Wollen, nicht mehr die allmächtige Königin; das erinnert schon eher an ein konstitutionelles Königtum. Gehet mit eurer Prüfung noch einen Schritt weiter, so werdet ihr sehen, dass ihr auch die Sklaven eurer glücklichen Impulse, eurer guten Gesinnungen, eurer klaren Begriffe vom Wahren, Guten und Schönen seid, und dass ihr nicht willkürlich eure leitenden Ideen wechseln könnt. Wie eine Wetterfahne dreht ihr euch nach allen Winden, bald nach dieser, bald nach jener Seite schwankend, aber ihr bleibt in der Richtung des vorherrschenden Windes, der zurzeit eurer Entschliessungen weht.

Die vulgäre Auffassung von der Freiheit als einer autokratischen Macht ist falsch, und es braucht keine scharfsinnigen Untersuchungen, um die Unhaltbarkeit einer solchen Lehre einzusehen.

Die Spiritualisten gestehen die Sklaverei zu, die sich hinter unserer Scheinfreiheit versteckt. Sie kennen die Macht der verschiedenen Beweggründe; aber indem sie sich durch moralische Bedenken, welche mit der wissenschaftlichen Induktion nichts zu schaffen haben, zurückhalten lassen, verknüpfen sie zwei Wörter miteinander, die sich gegenseitig ausschliessen, indem sie die menschliche Freiheit eine „relative Freiheit" nennen, die sich ihr Objekt nicht selbst schaffen kann.

Im gleichen Masse, wie das Studium der Biologie uns die Hindernisse erkennen lehrt, welche unser angeborner oder erworbener Seelenzustand, unser Grundcharakter auf unserem Wege anhäufen, verkleinert das gleiche Studium den Spielraum, in welchem diese Freiheit sich bewegt.

Der Determinismus sieht unsere beständige knechtische Abhängigkeit von den Triebfedern unseres Handelns ein. Er weiss, dass diese Abhängigkeit in dem Augenblick eine unabweisliche ist, in welchem sich die *Reaktion* vollzieht; er hält dieselbe so lange für unwiderruflich notwendig, als nicht konträre Impulse die Richtung der Bewegung abändern möchten. Er leugnet die *Willensfreiheit* als einen unhaltbaren philosophischen Begriff, welcher der menschlichen Vernunft durchaus unzugänglich sei.

Sogar in der Volkssprache findet man Ausdrücke wieder, welche auf die intuitive Erkenntnis unserer knechtischen Abhängigkeit von jenen Triebfedern hindeuten. Man proponiert z. B. einer Person eine sträfliche Handlung, welche ihr auf den ersten Blick beträchtliche Vorteile einbringen würde. Sofort entspinnt sich in diesem Kopfe ein Kampf. Die betreffende Person fühlt sich im ersten Moment hingerissen von dem Reiz, welchen die strafbare Handlung in ihren Augen hätte. Aber nun bilden sich die Ideenassoziationen; moralische Bedenken tauchen auf und gewinnen allmählich an Deutlichkeit. Unter dem Einfluss von Erwägungen, vielleicht auch von Räten seitens anderer Personen, hellt sich die Situation auf. Die Vorstellung der Handlung verliert ihren Reiz und erzeugt im Gegenteil Widerwillen dagegen. Umgekehrt treten die Motive der Vernunft immer gebieterischer hervor; aus dem kalten intellektuellen Gedanken erwächst die warme Überzeugung mit hinreissender Gewalt, und plötzlich bricht der Betreffende in die Worte aus: Nein, das *kann* ich nicht tun! Er hat jetzt dem stärksten Impuls nachgegeben und erklärt, einer naiven intuitiven Eingebung des moralischen Determinismus folgend: Nein, *ich kann nicht!* aber nicht: *ich will nicht!*

Man ist nicht willkürlich ein verbrecherischer oder lasterhafter Mensch, und ein jeder von uns wird beständig durch moralische Schranken zurückgehalten, welche, obwohl von psychischer und geistiger Art, nichtsdestoweniger unsere Willensfreiheit unterdrücken, so gut wie eine Mauer oder die heilige Hermandad unserer Freiheit Schranken setzen. Natürlich verbindet sich die Idee des Fatalismus mit dem deterministischen Gedanken; aber von diesem Fatalismus bis zu der Prädestination, welche die verschiedenen Religionen lehren, ist noch ein weiter Schritt. In all den religiösen Vorstellungen wenigstens, laut welchen „alle Haare auf unserem Haupte gezählt sind," vermag ich mit dem besten Willen keinen Platz mehr für die persönliche Freiheit zu finden. Dann allerdings müsste man nicht nur dem Wort Freiheit einen andern Sinn geben — was ja stets erlaubt ist —, sondern dasselbe keck und kühn aus dem Wörterbuche streichen.

Ganz genau in dem Augenblicke, da ein Mensch irgend eine Willensäusserung ausführt, ist diese Tat eine Resultante. Sie konnte nicht unterbleiben oder anders ausfallen, da die Triebfedern der

Sensibilität oder der Vernunft, welche auf das betreffende Subjekt einwirkten, im voraus gegebene waren. Die Tat ist also das Produkt seines gegenwärtigen geistigen Zustandes und der Umstände.

Es unterliegt ja freilich keinem Zweifel, dass die Handlung sich anders hätte gestalten können, *wenn* die Persönlichkeit des handelnden Wesens selbst auch eine andere gewesen, *wenn* sein Geisteszustand nicht durch Übermüdung, Krankheit, Alkoholmissbrauch gestört gewesen wäre. Der Schuldige hätte den begangenen Fehler vermeiden können, *wenn* er sich in jenem Augenblicke der Lehren der Moral erinnert hätte, *wenn* jene Gedanken, welche seine Seele flüchtig zu streifen vermochten, einen genügenden Reiz für ihn besessen hätten. Aber alle diese *Wenn* sind unnütz und kommen zu spät. Diese wirkungsvollen Anziehungen oder Zurückweisungen haben eben nicht existiert, und die Handlung hat sich in fatalistischer Weise samt allen ihren traurigen Folgen für das Individuum, für seine Familie und für die menschliche Gesellschaft vollzogen.

Es steht aber nirgends geschrieben, dass das Individuum künftighin in der bösen Richtung verharren muss und mit unabänderlicher Notwendigkeit der Schlechtigkeit verfallen ist. Jetzt, da die Tat begangen ist, muss man den erzieherischen Einfluss Platz greifen lassen und in dieser Seele die guten Impulse des Gemüts und der Vernunft, Mitleid und Güte wecken, oder endlich auf der Grundlage der Vernunft das Gefühl der moralischen Pflicht aufbauen.

Ich kenne keinen an glücklichen Impulsen fruchtbareren Gedanken, als denjenigen, der darin besteht, die Leute so zu nehmen, wie sie sind, mit dem Zugeständnis, dass in dem Augenblick, da man sie beobachtet, *sie immer nur das sind, was sie sein können.*

Einzig diese Auffassungsweise führt uns auf logischem Wege zu jener wahren Nachsicht, welche verzeihen kann und uns sofort über das Vergangene die Augen zudrücken lässt, um den Blick ganz auf die Zukunft zu richten. Wenn man da angelangt ist, dass man sich diesen leitenden Gedanken recht einprägt, dann lässt man sich durch die tollen Launen einer Hysterica ebensowenig in Harnisch bringen, als durch die Gemeinheiten eines Egoisten.

Es versteht sich von selbst, dass man nicht auf einen Schlag zu diesem gesunden stoischen Verhalten — wohlverstanden nicht der Schlechtigkeit, sondern dem Schuldigen gegenüber — gelangt. Zuerst reagieren wir entsprechend unserer Gemütsart; sie bestimmt die erste seelische Bewegung; sie lässt unser Blut in Wallung geraten und weckt die Ausbrüche edlen Zornes.

Aber die Aufregung soll sich legen, die Überlegung in ihr Recht treten. Sie führt uns nicht in eine empörende Gleichgültigkeit hinein, wohl aber finden wir, indem wir uns des geistigen Willensmechanismus klarer bewusst werden, die Gemütsruhe wieder; wir erkennen jetzt deutlich die verschiedenen Drähte, welche die Bewegungen der menschlichen Marionette geleitet haben, und können den einzig denkbaren und einzig zweckmässigen Plan ins Auge fassen, der darauf abzielt, mit der Wiederholung der schlechten Handlungen kurzen Prozess zu machen, diejenigen zu schützen, welche darunter leiden könnten, und die Zukunft des Schuldigen durch seine Besserung zu sichern.

Ganz gewiss verschwindet der als freies Können aufgefasste Wille in der deterministischen Fassung vollkommen. Unsere Entschliessungen, unsere Willensäusserungen werden immer in dem Augenblicke durch unwiderstehliche Motive determiniert, da die Reaktion sich einstellt, und ich habe an einer früheren Stelle nachgewiesen, durch welchen Sophismus man dieser Norm die Akte des Wählens, Widerstrebens, Nachgebens und ihrer Synonyme zu entziehen versucht hat. Je eingehender ich meine eigenen Willensakte oder diejenigen meiner Mitmenschen prüfe, desto weniger vermag ich das zu konstatieren, was den Willen eigentlich charakterisieren sollte, nämlich *die Anstrengung unserer Kräfte*. Aus diesem Grunde habe ich denn auch, als ich das Mittel zur Bekämpfung der Nervosität nennen wollte, lieber den Ausdruck „Bildung der Vernunft", als „Bildung des Willens" gewählt". Wenn wir den einfachen Suggestionen unserer Sensibilität gehorchen und uns unsern Wünschen hingeben, dann sprechen wir nicht vom Willen, wiewohl es sich auch dann noch um Willensäusserungen handelt. Wir fühlen es wohl, dass wir alsdann die Sklaven unserer Neigungen und Gelüste sind, und taxieren diesen Gehorsam den natürlichen Impulsen gegenüber als ein moralisches Sichgehenlassen. Erst wenn wir an die Motive der Intelligenz und an die moralischen Begriffe appellieren, erheben wir den Anspruch, frei zu sein, und dann nennen wir denjenigen einen energischen Menschen, der sein ganzes Verhalten auf seine rationellen Grundsätze, seine moralischen, religiösen oder philosophischen Überzeugungen gründet. Eigentlich gehorcht er nur den Suggestionen seiner Vernunft; er überblickt mit schärferem Auge den einzuschlagenden Weg; auch findet er Gefallen an Wegen, wo andere sich nicht angezogen, sondern vielleicht eher instinktiv abgestossen fühlen. Der klare Blick auf das Ziel genügt für die Sicherung unserer Schritte. In diesem Sinne drückt sich auch *Guyau* aus: „Wer nicht in Übereinstimmung mit seinen Gedanken handelt, denkt nicht tief genug."

Man wendet ein, wir können zwar wohl ein vollkommen richtiges Bewusstsein von der Vortrefflichkeit einer Entschliessung besitzen, aber die Kraft nicht finden, eine solche zu treffen. Die Tatsache leugne ich nicht, aber die Erklärung derselben weise ich zurück; denn was uns fehlt, ist nicht die Kraft. Wenn wir noch Widerstand leisten und nur zögernd weiter schreiten, ja selbst wenn wir in aller Hast ganz entgegengesetzte Wege betreten, so geschieht das alles aus keinem andern Grunde, als weil wir noch immer durch die Ketten unserer Sensibilität zurückgehalten werden. Mit unserem geistigen Auge sehen wir wohl, was das Gute wäre; aber das Herz ist nicht dabei, es fehlt an einer leidenschaftlichen Gemütsbewegung. Unsere Gedanken reissen uns nur dann mit sich fort, wenn sie zu Überzeugungen geworden sind. Dann gibt es keinen Kampf, keine freiwillige Anstrengung mehr. Die Bewegung ist schon im Gange und beschleunigt sich, wie diejenige eines dem Gesetz der Schwere gehorchenden Körpers.

Diesen Gedanken hat eine meiner Patientinnen, welche trotz ihrer Strenggläubigkeit die Sache schon beim ersten Wort begriffen hatte, in folgende ansprechende Form gekleidet: Der Wille gerät unvermerkt in das tiefgegrabene Geleise, welches Gefühl oder Vernunft für ihn ausgehöhlt haben.

Fünfte Vorlesung.

Absolute Verantwortlichkeit. — Soziale und moralische Verantwortlichkeit. — Unabhängige Moral, deren Führerin die Vernunft ist. — Stufenweise Entwicklung der moralischen Gefühle. — Moralisches Gewissen. — Gemeinsames Trachten nach dem Höchsten bei Gläubigen und bei Freidenkern. Das Suchen des Glückes; dasselbe hängt von unserer angebornen oder erworbenen Geistesanlage ab. — Charakterfehler oder Geisteskrankheit?

Die Wörter Freiheit und Wille können in dem beschränkten Sinne, der ihnen von jeher beigemessen worden ist, für unsern Sprachgebrauch füglich beibehalten werden. Damit, dass wir den Impulsen unserer Gefühle oder den Räten unserer Vernunft gehorchen können, erklären wir uns als frei, weil unsere Triebfedern nicht als etwas uns Fremdes aufgefasst werden, wir somit die deutliche Empfindung des Wählens und Wollens haben. Darum hätte es keinen Sinn, diese beiden Ausdrücke fallen zu lassen, welche das so gut wiedergeben, was sie sagen wollen.

Aber wenn wir die Dinge gründlicher prüfen, dann zeigt uns die Vernunft unsere ganze knechtische Abhängigkeit von jenen Triebfedern. So gelangen wir notwendigerweise zur Negation der Willensfreiheit, und der Wille, als freie Macht, zerfällt in nichts.

Kein Denker, glaube ich, kann sich diesen Syllogismen ganz entziehen, welchen nichts bloss Scheinbares oder Gekünsteltes anhaftet. Anstatt ruhig zu überlegen, gerät man in Aufregung und ruft voll Eifer: Aber was wird denn in der deterministischen Hypothese aus der Moral? Sie kann ja dabei unmöglich existieren! — So lautet der beständige Einwand, den man gegen den biologischen Determinismus geltend macht; da liegt das Hindernis, vor dem man voll Schrecken zurückweicht; da endlich haben wir den Zwiespalt zwischen Wissenschaft und Moral, den die spiritualistischen und christlichen Philosophen uns mit so viel Beredsamkeit schildern. Ja in der Tat, so behaupten sie, heisst Leugnung der Willensfreiheit soviel wie Unterdrückung der Verantwortlichkeit; nun aber ist gerade die letztere die Grundlage der Moral.

Wir müssen uns darüber näher verständigen. Die wahre Verantwortlichkeit, diejenige nämlich, welche uns dereinst vor den Richterstuhl eines höchsten Wesens und allmächtigen Richters über unsere Taten fordern wird, ist theologischen Ursprungs. Ihre Annahme setzt einen anthropomorphen Gottesbegriff, einen Akt des Glaubens voraus, und in der Tat ist es nicht diese Schlussfolgerung, wozu uns die Wissenschaft, die freie Forschung führt.

Aber selbst dann, wenn es mir gelingen würde, mir diese Begriffe anzueignen, würde ich es empörend finden, zuzusehen, wie die Menschen selber sich zu Richtern über Ihresgleichen setzen. Wir stehen ja doch in dieser Welt zu einander in einem brüderlichen Verhältnisse, und nichts berechtigt uns zu der Anmassung, uns als die Werkzeuge der göttlichen Gerechtigkeit zu betrachten. Man muss absichtlich die Augen zudrücken über das, was in dieser Welt, ja selbst innerhalb der Schranken unserer Gerichtshöfe vorgeht, um dieser menschlichen Gerechtigkeit den Charakter der Unfehlbarkeit zuzutrauen, den sie notwendigerweise haben müsste, wenn sie sich an die Stelle der scharfsichtigen Justiz einer Vorsehung setzen dürfte. Wenn wir wirklich einen unendlich gerechten und gütigen himmlischen Vater haben, so überlassen wir es doch ruhig ihm, die Herzen und Nieren zu prüfen und nach seinem Ermessen Belohnungen oder Strafen auszuteilen; wir schwachen Menschenkinder aber sollen uns nicht erdreisten, über das Schuldmass unserer Nächsten zu Gericht zu sitzen.

In diesem engen und absoluten Sinne können wir unmöglich verantwortlich sein; denn in dem Augenblicke, da wir vom geraden Wege abgewichen sind, haben wir einzig der Stimme unserer momentanen Impulse gehorcht und waren somit deren Sklaven.

Unser Verhalten verrät stets unsere augenblickliche Gesinnung und ist nichts anderes, als das Produkt unseres angebornen Temperaments und unserer Erziehung. Unsere Eltern und Freunde, die ganze menschliche Gesellschaft haben wesentlich dazu beigetragen, unsern Seelenzustand so zu gestalten, wie er ist, und wenn darin etwas Strafbares liegt, so sind wir alle dafür verantwortlich.

Soll damit etwa gesagt sein, dass es weder recht noch schlecht, weder Gute noch Böse gebe? Sollen wir mit kaltblütiger Gleichgültigkeit dem Aufblühen aller jener Blumen des Bösen zusehen, welche, solange die Welt Welt ist, mit der Fruchtbarkeit des Unkrauts fortwuchern? Keineswegs!

Es gibt eine soziale Verantwortlichkeit, welche die menschliche Gesellschaft dazu berechtigt, das Laster im Zaume zu halten, oder, was noch besser ist, demselben, sowie seinen Wiederholungen vorzubeugen. Die menschliche Gesellschaft gehorcht der Notwendigkeit der persönlichen Verteidigung, und unsere gegenseitige Solidarität überbindet uns die Pflicht, das unsrige zur Handhabung dieser moralischen Regel beizutragen.

Es gibt aber auch eine moralische Verantwortlichkeit, die uns nicht nur dazu anspornt, die Gesetze zu respektieren und Konflikte mit der menschlichen Gesellschaft zu vermeiden, sondern die uns geradezu zwingt, uns vor einem ethischen Ideal zu beugen, insoweit wir dasselbe zu erkennen vermögen. Sogar die religiöse Moral nimmt nur solche für sich ein, welche durch ihre angeborne Gesinnung und ihre Erziehung zur Unterwürfigkeit gebracht worden sind. Auf dem Gebiete der Moral können wir nur solchen Gesetzen gehorchen, denen wir unsere Zustimmung geben.

Die Moral existiert unabhängig für sich und frei von jeder Beziehung zur Theologie. Ihr Gesetz ist in der sogenannten Sittenlehre, d. h. in jener Summe von altruistischen Gedanken zusammengefasst, welche Gemeingut aller zivilisierten Völker ist. Mag diese Moral von Hause aus sentimental oder rationell sein: sie wird nach und nach instinktiv, automatisch; sie stellt dasjenige dar, was man das Gewissen nennt. Zweifellos haben die verschiedenen Religionen zahlreiche Bausteine zu diesem Gebäude geliefert; sie haben reichlich zur Anlage dieses moralischen Fundus beigetragen; aber es wäre eine Ungerechtigkeit, ihnen allein diese Ehre beizumessen. Die Moral ist vielmehr das Werk der Denker aller Zeiten, welche einen intuitiven Begriff vom Wahren, Schönen und Guten besassen und das Sittengesetz, das uns als Führer dienen soll, auf der Grundlage der Vernunft aufzubauen suchten.

Es mag auf den ersten Blick scheinen, als ob eine Moral mit Sanktion und Verpflichtung, wie sie aus dem religiösen Gedanken hervorgeht, leichter und rascher Boden fassen und auf die grosse Menge einen mächtigeren Einfluss ausüben müsste.

Aber das Ergebnis einer zweitausendjährigen Erfahrung ist kein ermutigendes. Unzweifelhaft bleibt die Moral, welche Christus gelehrt hat, die reinste und erhabenste; ja sie stellt, vom Dogma abgelöst, das Ideal der unabhängigen Moral dar. Aber in dieser Welt hat sie höchstens einen Achtungserfolg erzielt, und die Kirche, anstatt zu ihrer Ausbreitung beizutragen, hat nur eine krankhafte Geistesrichtung zu erhalten vermocht, in der ein natürlicher Hang zu Aberglauben und Fanatismus vorherrscht. Es muss einer ein rabiater Optimist sein, um nur von den Religionen jenen moralisierenden Einfluss zu erwarten, der uns von unserer sittlichen Unvollkommenheit befreien und das Reich der Gerechtigkeit auf Erden begründen soll. Die religiöse Moral selbst — ich wiederhole es — übt ihren wohltuenden Einfluss nur dann aus, wenn ihre Lehren richtig verstanden werden, mit unserem innersten Gefühl, unserem angebornen Streben nach einem höheren Ziele harmonieren und von der Vernunft gebilligt werden. Wir beurteilen die moralischen Vorschriften der Religion immer im Lichte der unabhängigen sentimentalen und rationellen Moral.

Der Fromme unterzieht sich oft ohne Überlegung oder nähere Untersuchung, in blindem Gehorsam gegen die Autorität, rituellen Gebräuchen oder kirchlichen Dogmen; aber wofern nicht seine ganze Intelligenz dabei Schiffbruch leiden soll, kann er unmöglich moralischen Lehren beipflichten, welche seiner natürlichen Gutherzigkeit oder den Stimmen der Vernunft diametral zuwiderlaufen.

In allererster Linie ist die Moral eine soziale und lässt sich in das Gebot zusammenfassen: „Was du nicht willst, dass deine Nächsten dir tun sollen, das tue ihnen auch nicht!" oder in das positiv ergänzende: „Was du willst, dass dir die Leute tun sollen, das tue auch ihnen!" Diese Moral findet, wenn man will, ihren Ausdruck in dem auf den ersten Blick weniger leicht verständlichen Ausspruch: „Du sollst deinen Nächsten lieben, wie dich selbst."

Wer dieses ethische Gesetz nicht begreift, befindet sich in einem Zustande von intellektueller Inferiorität. Es ist allen zugänglich und bedarf keiner vermittelnden göttlichen Sanktion. Nach meiner Auffassung ist es edler, sich von dem Gefühl für das Schöne und Gute leiten zu lassen und den Motiven der scharfsinnigen Intelligenz Gehör zu schenken, als sein sittliches Verhalten von der Hoffnung auf Belohnung oder von der Furcht vor Strafe bestimmen zu lassen.

Gewiss ist die Moral keine absolute; sie könnte es höchstens sein in der Voraussetzung einer göttlichen Offenbarung oder einer moralischen Gesetzesvorschrift — eine Auffassung, gegen welche der Menschengeist sich sträubt. Die Moral bleibt immer relativ und veränderlich, immer innerhalb bestimmter Grenzen, und richtet sich nach den Sphären der menschlichen Gesellschaft. Aber der Fortschritt vollzieht sich langsam und sicher; sein Ziel ist die Vereinheitlichung der moralischen Ideen; und dieser Drang nach Vervollkommnung scheint heute noch intensiver zu sein, wenn auch die grosse Menge je länger je mehr die Tendenz zeigt, sich dem kirchlichen Joch zu entziehen.

Der weltlichen Moral — gestehen wir es nur zu — ist es nicht besser geglückt, als der Kirche, die menschliche Seele umzuändern. Wir müssen eben die Situation nehmen, wie sie ist; die moralische Entwicklung schreitet mit trostloser Langsamkeit vorwärts. Dabei stösst die im Gebiete der exakten Wissenschaften so siegreiche Vernunft auf zahlreiche Feinde, sobald sie sich auf das viel unbestimmtere Terrain der Philosophie hinauswagt. Sie verfängt sich in den Schlingen, welche ihr vom Egoismus, von den Leidenschaften, von den so vielfach den Vernunftgründen zuwiderlaufenden Triebfedern gestellt werden. Sie hat ferner zu kämpfen mit vorgefassten, unvernünftigen Meinungen, die in unserem Geiste unter dem suggestiven Einflusse der Erziehung entstanden sind.

Aber trotz alledem kommt die moralische Vervollkommnung zustande, und zwar rascher infolge der Bemühungen des freien Gedankens, der sich ebensosehr seiner Schwachheit, als seiner Macht bewusst ist. Man lächelt oft verächtlich, wenn von der Göttin Vernunft die Rede ist. Ich gebe ihre Schwachheit zu; aber sie ist das einzige uns zur Verfügung stehende Werkzeug, wenn wir nach der Wahrheit forschen wollen; so bleibt uns nichts anderes übrig, als uns desselben zu bedienen.

Die moralische Vervollkommnung besteht darin, dem häufig zur Geltung kommenden Widerspruch zwischen den Impulsen der Sensibilität und den Motiven der Vernunft ein Ende zu machen. Die Gesetze der Moral behalten ihre eigenartige Schönheit, auch wenn sie nicht von oben her diktiert wurden. Wir lernen ihren Reiz schon von der Wiege an kennen durch das Beispiel unserer Umgebung, und fühlen uns zufolge einer Art von instinktiver Sinnlichkeit behaglich in dieser wohligen Atmosphäre. Da weiss man nichts von Anstrengung, nichts von Zwang; da gibt es nur natürliche Ungezwungenheit.

Später beginnt dann der Kampf. Die Welt übt ihren zwar erzieherischen, aber öfter unheilvollen als günstigen Einfluss auf uns aus. Immer noch gehorsam unserer angebornen oder erworbenen Gesinnung, gehoben durch das Vorbild unserer Lieben, suchen wir die Klippen zu umschiffen. Mit einem schon zum voraus geschärften Blicke erkennen wir, was hässlich ist, und fliehen es, um das Licht des Guten aufzusuchen. Oft zwar verdunkelt sich dabei unser Sehen; aber nach solchen Momenten der Finsternis kommt das Schöne immer wieder verlockend, gebieterisch zum Vorschein. Unsere Unterscheidungsgabe wird stets feiner, und immer festeren Fusses schreiten wir auf der Bahn des Guten vorwärts. Ach, ich weiss gar wohl, dass die Aufgabe keine leichte ist! Mag nun der Mensch durch seine eigene Kraft, durch seine persönliche philosophische Überzeugung geleitet werden, oder mag er sich auf den Stab der Religion stützen: er kann dem öfteren Ausgleiten auf diesem langen Wege nicht vorbeugen. Unser ganzes Leben lang müssen wir danach trachten, uns selbst zu beherrschen.

Dabei darf nicht vergessen werden, dass mit dieser Selbstbeherrschung nicht etwa eine freiwillige Anstrengung — deren wir überhaupt absolut nicht fähig wären — verbunden ist, wohl aber ein immer schärfer werdendes Verständnis für den verlockenden Reiz, den die ethischen Grundsätze ausüben.

Ach! die Unglücklichen, welche ausschliesslich sinnlichen Vergnügungen nachjagen, machen sich aus der Philosophie nicht mehr, als aus dem Niederknien in den Kirchen! Das nämliche gilt von denen, welche durch die Berechnungen eines klugen Egoismus zu einer dem Sittengesetz wesentlich konformen Lebensordnung geführt werden.

Da haben wir jenen Materialismus der Sitten und Gebräuche, welcher, trotz der unablässigen Bemühungen seitens der verschiedenen Religionen und der Parallelbestrebungen der unabhängigen Moral, landauf, landab verbreitet ist.

Für die Deterministen erwächst daraus eine Gefahr, nämlich die der unfreiwilligen Verwandtschaften. Die deterministischen Lehren finden, wenn sie unrichtig interpretiert werden, leicht Anhänger unter denjenigen, welche nur ihr materielles Wohl suchen und sich glücklich schätzen, wenn sie ihrem sittlichen Verhalten den Stempel einer scheinbaren Rechtfertigung aufdrücken können. Es wäre nicht minder ungerecht, dieses Ergebnis den positivistischen Doktrinen zur Last zu legen, als die Kirche dafür verantwortlich zu machen, wenn ein Bandit in Rom die Stufen der heiligen Treppe kniend hinaufrutscht, um wenige Augenblicke nachher ein Verbrechen zu begehen. Tartuffe sollte nur die Scheinheiligen diskreditieren. Jede Doktrin ist der Gefahr solcher fatalen Vermischungen ausgesetzt. Oder sieht man nicht aufrichtige, hingebende, von der reinsten Moral durchdrungene Christen und sozialistische Idealisten, welche wider ihren Willen mit hasserfüllten Revolutionären und Leugnern jeder sozialen und moralischen Ordnung zusammengeworfen werden?

Ebenso wie es wenige aufrichtige Christen gibt, deren Frömmigkeit sich durch eine förmliche Umwandlung des Seelenzustandes kundgibt, ebensowenig gibt es viele Freidenker, welche, ohne auf die Rechte der Vernunft zu verzichten, ihrer Begeisterung für ein moralisches Ideal treu bleiben und dasselbe durch die beständige Vervollkommnung ihres Ich zu erreichen streben.

Das Hindernis, welches der Entwicklung der höchsten Gedanken im Wege steht, liegt nicht in jenen Lehren, die durch das Studium der Naturwissenschaften oder durch der grossen Menge noch unzugängliche Reflexionen ins Leben gerufen wurden; es liegt vielmehr in dem ungeheuren toten Gewicht, welches durch die *Nichtdenker*, die Indifferenten gebildet wird. Dies sind die wirklichen Feinde jeder christlichen oder weltlichen Moral!

Anlässlich der Untersuchung des zwischen Wissenschaft und

Religion scheinbar bestehenden Antagonismus betont *de Candolle*[1] in trefflicher Weise den unlöslichen Gegensatz zwischen dem Autoritätsglauben und der freien wissenschaftlichen Forschung; aber er fügt hinzu: „Weder die Vertreter der Wissenschaft, noch diejenigen der Religion bringen ihre Überzeugung materiellen Interessen oder der Politik oder dem Vergnügen zum Opfer. Sobald dies geschehen sollte, würden sie sich damit von selbst aus der ihnen zugewiesenen Stellung ausschliessen und die öffentliche Achtung einbüssen. Die einen wie die andern befassen sich mit intellektuellen Aufgaben und müssen, wenn sie dieselben glücklich lösen wollen, sich ein geregeltes, arbeitsames, ja, falls sie aus einer wenig begüterten Familie stammen, sogar recht hartes Leben gefallen lassen. Endlich haben die einen mit den andern gemeinsam das edle Bewusstsein, in uneigennütziger Weise für das Wohl der Menschheit zu arbeiten."

Trotz der Mannigfaltigkeit der Gesichtspunkte besteht zwischen den Verstandesrationalisten und den wahrhaft Gläubigen eine seelische Übereinstimmung. Sie verteidigen beide das Banner ihres Ideals gegen das unbewusste Drängen und Stossen der mehr indifferenten als feindseligen Massen. Die Gläubigen, wie die aufrichtigen Freidenker, können somit eine und dieselbe Religion ausüben, und die besteht einfach in dem Bestreben, heute besser zu sein, als man gestern war.

Der klare Gedanke des biologischen Determinismus verpflichtet denjenigen, welcher diesen Gedanken richtig erfasst hat, zu einer ganz besondern Lebensauffassung, sowie zu einer besondern Beurteilung seines eigenen Verhaltens und desjenigen seiner Mitmenschen. Weit davon entfernt, die Moralität zu schwächen, bildet dieser nämliche Gedanke die solideste Grundlage für die moralische Orthopädie, welche wir uns selbst und den andern applizieren sollen.

Betrachten wir etwas näher diesen Gedanken, der nur denen paradox vorkommen kann, welche überhaupt über nichts nachdenken!

Der Mensch hatte zu keinen Zeiten ein anderes Ziel und wird niemals ein anderes haben, als die Gewinnung des Glückes. Die meisten suchen dasselbe in der Befriedigung ihrer Wünsche, im Genusse. Sie sträuben sich gegen die Hindernisse, welche beständig der Erfüllung ihrer Wünsche im Wege stehen; ihre Glückseligkeit hängt vor allem von den äussern Umständen ab und ist zudem nur eine relative und ephemere. Eine kleine Anzahl anderer

---

[1] Histoire des sciences et des savants depuis deux siècles, par *Alphonse de Candolle*, 2ᵉ édit., Genève et Bâle, H. Georg, 1885.

arbeitet nur im Ausblick auf ein zukünftiges Leben. Viele endlich, von der Ansicht ausgehend, dass ein „Tiens" besser sei als zwei „Tu l'auras", hüten sich wohl, das Glück hienieden zu vergessen, wobei sie aber gleichwohl auf dessen Besitz in einer andern Welt hoffen.

Wer nun nachzudenken und sein eigenes Leben gründlich zu prüfen begehrt, der wird bald zu der Erkenntnis kommen, dass unser Glück weniger von unsern äussern Lebensverhältnissen, als von unserem innersten Seelenzustande, d. h. von unserem sittlichen Werte abhängt. Gewiss sind wir stets unglücklichen Zufällen ausgesetzt, für die uns keine Verantwortlichkeit trifft: Wir können von schweren Naturereignissen heimgesucht, von heimtückischen Krankheiten dahingerafft oder durch den Verlust eines teuren Wesens in Trauer versetzt werden; aber die Grösse dieser Leiden hängt vor allem von der Gesinnung ab, womit wir sie hinnehmen. Das grösste Unheil kommt von uns selbst, von unsern unzählbaren Fehlern, von unserem anormalen Seelenzustand. In den meisten Fällen sind wir selbst die Urheber unserer Leiden, und wenn wir selber nicht im Fehler sind, so leiden wir unter dem Druck der Erblichkeit und bezahlen die Schuld für unsere Vorfahren; auch unter der Immoralität anderer haben wir oft schwer zu leiden. Die Erde könnte leicht zum Paradiese werden, wenn wir alle gut und gerecht wären und das Sittengesetz streng befolgt würde.

So muss denn die nach Glück dürstende Menschheit die Entwicklung der Moral anstreben und folglich haben alle, welche an der Erreichung dieses Zieles mitarbeiten wollen, eine erzieherische Aufgabe zu erfüllen.

Diese letztere beginnt mit dem frühesten Leben und fällt zunächst den Eltern zu. Um die Aufgabe in richtige Bahnen zu lenken, sollten die Eltern wissen, dass die Fehler, welche sie bei ihren Kindern entdecken, von ihrem angebornen Gemütszustande abhängen und dass dieser selbst aus einer einzig denkbaren Quelle, derjenigen der Heredität oder des Atavismus herstammen kann; dazu kommt noch der Einfluss solcher Faktoren, welche auf das Kind während der Dauer des Fötallebens einzuwirken vermochten. Es gibt in unserem Leben nichts angebornes, was nicht ein Vermächtnis früherer Generationen wäre. Auch dürft ihr, wenn ihr an euren Kindern intellektuelle oder moralische Mängel entdeckt, die Ursachen nicht zu weit suchen. Prüfet eure eigene Sinnesart, die des Vaters, der Mutter oder der Grosseltern: immer wieder werdet ihr den Keim zu den schlimmen Anlagen nachweisen können; denn „der Apfel fällt nicht weit vom Stamm". Das ist alles so selbstverständlich; und doch — wie viele haben gar nie darüber nachgedacht! Die meisten Eltern ereifern sich ob der Entdeckung der Fehler ihrer Nachkommenschaft und fragen sich, woher dieselben wohl kommen mögen. Man sollte fast meinen, ein frecher Kukuk habe ihnen sein Ei in ihr Nest gelegt!

Nein, mit nichten! Euer Erbe besitzt bei seinem Eintritt in die Welt nur das, was ihr ihm gegeben habt; macht ihm darum seine Armut nicht zum Vorwurfe! Ihr müsst ihn nehmen, wie er ist, mit seinem kleinen Kapital von angeborner Moralität, so gut wie ihr ihm seine physischen oder intellektuellen Gebrechen und Schwächen zu gut halten müsst. Bisweilen möget ihr seufzen über die unerbittliche Härte der Naturgesetze in betreff der hereditären Veranlagung; aber ladet die Bürde der Verantwortung nicht auf das arme kleine Wesen ab, das ihr in die Welt gesetzt habt!

Was nützt es, sich gegen eine vollendete Tatsache aufzulehnen und Rekriminationen ins Feld zu führen? Es erwächst euch jetzt vielmehr eine gebieterische Pflicht, und diese besteht darin, durch die Erziehung die schlimmen Neigungen zu korrigieren, die moralischen Gefühle zu wecken und die Vernunft so zu üben, dass sie auf den ersten Blick die Motive unterscheiden lernt, welche das sittliche Verhalten *determinieren*. Bei gewissen Anlässen kann die Autorität der Erzieher, können selbst Strafen zu Hilfe genommen werden, um die Gesinnung des Kindes zu modifizieren. Aber jedermann wird einsehen, dass der Einfluss der Überredung bei weitem den Vorzug verdient und dass diese allein imstande ist, eine dauerhafte, lebenskräftige, die flüchtige elterliche Erziehung wo möglich überdauernde Moralität zu schaffen.

Es verhält sich damit beim Menschen wie bei einer Pflanze: der Schössling hat von Anfang an seine Fehler; aber man braucht nur sein Wachstum zu überwachen und ihn etwa am Spalier gross zu ziehen, — wer weiss, es entsteht daraus ein Baum, der später gute Früchte trägt.

Man möchte sich darüber gerne Illusionen machen und an eine unbegrenzte Wirkungsdauer dieses Kulturversuches glauben. Aber ach, es gibt so viele ungeschickte Gärtner und so viele Stecklinge, deren angeborne Missbildung schon zu weit fortgeschritten ist!

Der deterministische Gedanke erleichtert in ganz besonderem Masse unsern Verkehr mit den Mitmenschen. Sobald wir recht fest davon überzeugt sind, dass die Leute nur das sind, was sie vermöge ihrer durch Natur und Erziehung bedingten Gesinnung sein können, dann verzeihen wir ihnen ihre Irrtümer und Fehler; das Mitleid bemächtigt sich unser, und wir versuchen sie durch

Liebe auf den rechten Weg zurückzuführen. Die Arbeit ist aber noch viel schwieriger als bei der Kindererziehung. Das Bäumchen ist inzwischen gross geworden, seine Zweige sind nicht mehr so biegsam, und die Aufgabe des Gärtners wird oft schwierig, ja sogar unmöglich. Wir sind nicht immer in der günstigen Lage, diese moralische Orthopädie unsern Mitmenschen applizieren zu können. Der Liederliche entzieht sich unserem Einfluss und bisweilen sehen wir uns gezwungen, einfach die Flinte ins Korn zu werfen.

Wenn man gewissen Personen gegenüber den Gedanken äussert, dass ein Mensch bezüglich seines Seelenzustandes nur das sein könne, was die Erziehung aus ihm gemacht habe, so wird uns darauf etwa folgendes entgegnet: Seht nur diese zwei jungen Leute an; beide sind von den nämlichen Eltern erzogen worden, aber der eine ist ein sehr netter Junge, der andere ein Taugenichts!

Wie ist es nur möglich, so muss ich mich verwundert fragen, ein so wichtiges Thema so oberflächlich zu behandeln!

Vorerst ist noch keineswegs bewiesen, dass diese jungen Leute von so verschiedenartigem Benehmen sich einander in ihrer verborgensten Gesinnung wirklich so ferne stehen. Wartet nur ein paar Jahre, und ihr könnt vielleicht konstatieren, dass sie im Grunde innerlich viel mehr Brüder sind, als ihr glaubtet.

Allem Anschein zum Trotz war ihre Erziehung möglicherweise doch eine grundverschiedene.

Wir geniessen eben nicht nur die offizielle Erziehung durch unsere Eltern, durch die Schule und Kirche. Ganz unvermerkt erliegen wir der Ansteckung des Beispiels; jeden Augenblick kann es vorkommen, dass irgend ein unvermutetes Ereignis, ein Anblick, der nicht für unsere Augen bestimmt war, ein Wort, das dem Munde eines unserer Nächsten entschlüpfte, unsern Blicken ganz neue Welten erschliesst. Die Luft wimmelt von Samenkörnern des Bösen, und ein einziger, flüchtiger Augenblick besonderer Empfänglichkeit reicht hin, um das Samenkorn zur Entwicklung zu bringen. Leider hält sehr oft nichts mehr das Wachstum der Giftpflanze zurück und sie gelangt zu üppigem Treiben und Wuchern.

Werfen wir einen Blick auf uns selbst, und wir werden uns, wie ein Denker gesagt hat, voll Entsetzen abwenden. Haben wir also ein Recht zur Verachtung der andern? Nein, wir haben nur die eine Pflicht: zu verzeihen und dem Gefallenen die rettende Hand zu reichen.

Die landläufige Vorstellung von einer absoluten oder relativen Freiheit des Menschen führt zur Aufstellung eines wesentlichen

Gegensatzes zwischen Charakterfehler und Geisteskrankheit. Aber diese Unterscheidung ist, wie ich nicht oft genug wiederholen kann, eine erkünstelte und unhaltbare.

Auf welcher Stufe werden die Unentschlossenheit, Reizbarkeit, Impressionnabilität, Gemütserregbarkeit krankhaft? Sind Traurigkeit und Pessimismus Fehler oder Krankheiten?

Schon bei den körperlichen Krankheiten ist es oft schwierig, die Grenzen zu ziehen zwischen dem normalen und dem krankhaften Zustande. Hiefür ein paar Beispiele: In welcher Höhe ist es bei einer Bergbesteigung gestattet, Herzklopfen und Atemnot zu bekommen? Bist du krank, weil du eine lukullische Mahlzeit nicht gut vertragen konntest, die dein Nachbar ohne alle Schwierigkeiten verdaut hat?

Auf dem geistigen Gebiete wäre eine Betonung dieses Unterschiedes noch viel illusorischer. Ein solcher scheint nur dann zu bestehen, wenn man die äussersten Extreme in Betracht zieht.

Das Gefühl der Traurigkeit beim Verluste eines geliebten Wesens erscheint uns als ganz normal; ebenso unsere Entmutigung angesichts eines Misserfolges; aber einen, der Selbstmord begeht, um den Widerwärtigkeiten des täglichen Lebens zu entrinnen, betrachten wir als krank. Wir alle haben unser Teil von Unentschlossenheit, die oft in den Augen unserer Nächsten als übertrieben erscheinen mag; aber einen Kranken, der ganze Stunden in peinlichster Ratlosigkeit zubringt, weil er nicht zu entscheiden wagt, ob er heute oder erst morgen das Hemd wechseln solle, den schicken wir zum Arzte.

Um die Unterscheidung zu begründen, sagt man bisweilen: ein Charakterfehler kann durch den Willen und durch erzieherischen Einfluss korrigiert werden; die Krankheit schliesst die Freiheit aus und entzieht sich jenen Hilfsmitteln. Das ist unrichtig. Unsere Fehler sind oft sehr hartnäckig, oft sogar unheilbar. Ist es etwa eine häufige Erscheinung, dass ein Mensch, der von jeher keinen Sinn für Ordnung hatte, sich diese schätzenswerte Tugend später noch aneignet? Ist der natürliche Takt etwas, was man erlernen kann? Kommt es häufig vor, dass wir die Empfindlichkeit und Reizbarkeit ablegen, womit wir unseren Nächsten das Leben sauer machen? Kennt ihr keine solchen Personen, die immer mit allem im Rückstande sind? Sie sind oft dafür bestraft worden und haben sich selbst tausendmal Besserung gelobt. Und trotzdem verfallen sie immer und immer wieder in den alten Fehler, weil es so in ihrem innern Wesen liegt.

Umgekehrt sieht man unter dem Einflusse guter Ratschläge alte geistige Mängel verschwinden, die jedermann für Krankheit ansehen wird. Ich denke dabei an gewisse Phobien, an diverse Zwangsgedanken. Die Krankheit des Geistes im Sinne des Laienpublikums weicht oft rascher und vollständiger, als was man gemeinhin einen Charakterfehler nennt.

Es existiert ein weit verbreiteter Irrtum, als ob die Geisteskrankheit sich durch eine Gesamtheit von physischen oder geistigen Symptomen verrate, welche den pathologischen Zustand klar erkennen lassen. Dem ist durchaus nicht so. Es gibt eine ganze Menge von psychopathischen Zuständen, wobei die physische Gesundheit sich einer vollkommenen Integrität erfreut, und noch viel mehr solche, wobei auch der Geist durchaus gesund zu sein scheint; das geistige Gebrechen bleibt allein, isoliert bestehen. Der Kranke braucht sich nicht einer medizinischen Behandlung im eigentlichen Sinne des Wortes zu unterziehen und bedarf hiezu weder Douchen noch Medikamente. Er wird seine geistige Gesundheit wiedererlangen durch blosse Psychotherapie, durch eine Klarlegung vernünftiger Motive, welche seinen abnormen Geisteszustand korrigieren werden. Mag man es nun Charakterfehler oder Geisteskrankheit nennen: eine Abweichung von der Norm ist unter allen Umständen vorhanden. Das betreffende Subjekt hat Seelenzustände, welche nicht nur einem Ideal von moralischer Schönheit gegenüber abnorm erscheinen, sondern welche störend in das Leben dieses Individuums eingreifen und es verhindern, in der menschlichen Gesellschaft die ihm zugedachte Rolle zu spielen.

Endlich — und dies ist das letzte Argument — führt man die Geisteskrankheit auf physische Ursachen, auf Intoxikationen, auf einen rein materiellen Vorgang zurück, während man für den Charakterfehler rein moralische Ursachen gelten lässt. Auch das ist falsch.

Wie wir schon gezeigt haben, setzt vermöge des psychophysischen Parallelismus die abnorme Geistesbeschaffenheit einen anormalen Zustand des Gehirns voraus. Dieser wiederum kann auf physischen und moralischen Ursachen beruhen, welche geeignet sind, um die Wette sowohl beim Charakterfehler, als bei der Geisteskrankheit einzugreifen.

Die Aufgabe des Arztes besteht, wie diejenige des Erziehers, darin, die *abnorme Geistesbeschaffenheit* nachzuweisen, deren moralische oder physische Gründe aufzusuchen, wobei er auf beide den unentbehrlichen und unabweislichen deterministischen Begriff anwendet; endlich darin, mit Hilfe des physischen und moralischen Einflusses die geistige Orthopädie praktisch zu betreiben. Auf dieses Ziel war das Bestreben der Erzieher aller Zeiten gerichtet. Leider haben die Mediziner nicht genügend einzusehen vermocht, wie oft sie dazu berufen sind, auf den moralischen Zustand ihrer Kranken einzuwirken, ihre Charakterfehler zu korrigieren und ihnen eine vernünftigere Denkweise beizubringen. Was die Erzieher betrifft, so fehlen ihnen die nötigen biologischen Kenntnisse, ein klarer Begriff von der geistigen Passivität eines Menschen, der sich für frei hält. Bald glauben sie einen Fehler zu entdecken, zu dessen Bemeisterung die Anwendung der Strenge ihnen zu genügen scheint; bald geraten sie in Zweifel und fragen sich, ob es sich im gegebenen Fall nicht etwa um einen krankhaften Zustand handeln dürfte. Oft gelangt man erst sehr spät zu der Erkenntnis, dass man einen falschen Weg eingeschlagen hat, und dann ist es nicht immer möglich, seine Taktik zu ändern.

Die von den absoluten Gedanken der Freiheit und Verantwortlichkeit völlig durchdrungenen Personen haben für die moralische Orthopädie keine geschickte Hand. Es sind oft frostige, strenge Naturen, und wenn sie, indem sie mit Mühe und Not ein erkünsteltes Wohlwollen an den Tag legen möchten, einen Rat erteilen, dann fühlt der Schuldige hinter dem allem die ganze Härte eines Vorwurfs.

Um den Seelenzustand eines Gefallenen umzustimmen, genügt es nicht, ihm mildernde Umstände zuzuerkennen oder ihm ein absichtliches, sozusagen künstliches Mitleid zu zeigen; man muss ihn lieb haben wie einen Bruder und ihm unter die Arme greifen in dem vollen Bewusstsein unserer gemeinsamen Schwäche.

Sechste Vorlesung.

Schwierigkeiten der moralischen Orthopädie. — Das Verbrechertum. — Die Anhänger der absoluten Verantwortlichkeit und die Deterministen bleiben in der Theorie unversöhnliche Gegner. — In praxi ist ein Kompromiss möglich. — Notwendigkeit einer solchen Verständigung. — Die Rolle der menschlichen Gerechtigkeit. — Erzieherisches Ziel bei der Unterdrückung von Verbrechen. — Dringlich wünschbare Reformen der Strafmassregeln.

Schon in der Kindererziehung, in unserem täglichen Verkehr mit den Mitmenschen, in den Anstrengungen, die wir machen, um schlechte Gewohnheiten zu korrigieren oder Kranke zu heilen, hat der Mangel an klaren deterministischen Gedanken oft recht traurige Resultate im Gefolge.

Unzählbar sind die Scharen jener intellektuell oder moralisch verwahrlosten Kinder, bei denen die Erziehung, anstatt die primäre Abweichung von der Norm zu korrigieren, den Fehler nur noch verschärft und einen Riss in die Familienbande herbeigeführt hat. In den Familien wie in der Gesellschaft ist nichts so selten zu finden als Eintracht; überall knarren die Triebwerke, und wenn man nach der Ursache forscht, so findet man im Räderwerk höchstens etwas feinen Sand, den ein Hauch von Nachsicht sehr schnell wegblasen könnte.

Aber den Eltern geht diese klare Einsicht in die Verhältnisse ab, ihre Nachsicht ist Schwäche, ihre Festigkeit wird Strenge. Die Aufgabe der Eltern bei der Erziehung ist eine doppelt schwierige; denn nicht nur hinterlassen sie ihren Kindern gewisse geistige Gebrechen, sondern oft kultivieren sie noch die Fehler der Kinder durch ihr eigenes schlimmes Beispiel. Dieser Mangel an erzieherischen Fähigkeiten wird geradezu gefährlich, wenn es sich um widerspenstige Subjekte handelt; da ist es alsdann dringend geboten, die Erziehung in der Familie gänzlich aufzugeben.

In den Erziehungsanstalten für verwahrloste Kinder scheint der moralische Einfluss wirksamer zu sein. Hier wird die Erziehung durch fremde, anders geartete, weniger parteiische Personen geleitet. Aber bei der Rückkehr in die Familie löst sich der scheinbar solide Firniss rasch wieder ab, die angebornen fatalen Neigungen kommen aufs neue zum Vorschein und alles fängt von vorne an. Ähnlich verhält es sich bisweilen mit der moralischen Orthopädie, welche das Hauptmoment einer Nervenkur bildet. In der Klinik geht alles gut; unter der Berührung mit wohlwollenden fremden Leuten bessert sich die Stimmung, das Individuum wird fügsam, geduldig; es empfindet den ansteckenden moralisierenden Einfluss seiner Umgebung. Oft dauert dieser gute Einfluss an und führt eine bleibende Veränderung des Gemüts herbei, in andern Fällen aber bleibt die Anstrengung erfolglos und finden die trostlosen Eltern ihre Söhne oder Töchter als egoistische, reizbare, unlenksame Geschöpfe wieder.

Und doch handelt es sich in diesen Beispielen um unsere Kinder; wir finden bei ihnen die ererbte Anlage, wir sind uns der bei ihrer Erziehung begangenen Fehler bewusst und haben die Schwachheit der Mutter, die egoistische Gleichgültigkeit des Vaters nachgewiesen. So könnten wir also wissen, dass, wenn der Sprössling von Geburt an missgestaltet war, wir es nicht verstanden haben, ihn wieder künstlich gerade zu richten. Endlich üben wir den Unsrigen und allen denen gegenüber, die wir lieben, instinktiv Nachsicht aus.

Was wird aber aus diesem Wohlwollen, wenn kein Band der Blutsverwandschaft, wenn nichts anderes uns miteinander verbindet, als jene vage und schwache Brüderlichkeit, oder, wenn es sich um Delinquenten und Verbrecher handelt, deren Taten unsere Entrüstung heraufbeschwören?

Da sehen wir dann die mannigfachen physischen und moralischen Ursachen nicht mehr, welche die Missbildung herbeigeführt haben. Unserer eigenen Schwäche vergessend, werfen wir uns zu Richtern auf und verhängen Strafen, wobei der absurde Gedanke der Vergeltung massgebend bleibt.

In den Kriminalprozessen, innerhalb der hehren Schranken des Assisenhofes, müssen wir kläglichen Diskussionen über die Verantwortlichkeit beiwohnen. Man hört den Staatsanwalt über heikle Fragen aus dem Gebiete der Metaphysik entscheiden und die Existenz der Willensfreiheit behaupten, als ob es sich um eine Gesetzesvorschrift handelte. Die medizinischen Experten versichern die totale oder teilweise Nichtverantwortlichkeit des Delinquenten. Aber die Krämer und Weinhändler von der Jury wissen die Sache besser; sie lassen sich durch die philosophischen Reflexionen des Anthropologen nicht irre machen und schicken ohne Zaudern den Geisteskranken ins Zuchthaus oder aufs Schafott.

Im Grunde genommen ist die Situation in diesen kriminalistischen Fragen nicht tragischer, als in der Erziehungsfrage. Die

Aufgabe ist zwar schärfer zugespitzt, dramatischer, bietet sich aber seltener dar. Für einen unverbesserlichen Verbrecher kommt es oft so ziemlich auf's gleiche heraus, ob er den Rest seiner Tage im Gefängnis oder im Irrenhaus zubringe. Aber die menschliche Ungerechtigkeit wird eine geradezu verhängnisvolle, sobald es sich um jene zahlreichen Delinquenten handelt, deren seelischer Zustand noch modifiziert werden könnte, um alle vom rechten Wege Verirrten, welche, ohne in Konflikt mit dem Strafgesetz zu kommen, die Harmonie der menschlichen Gesellschaft stören. Und überall finden wir als Grundlage dieser falschen Urteile die fatale Auffassung von der absoluten Verantwortlichkeit wieder, überall stehen wir vor der unübersteiglichen Schwierigkeit, zu bestimmen, wo die Freiheit beginnt oder aufhört, wo die geistige Gesundheit aufhört und die Krankheit anfängt.

Und da handelt es sich nicht mehr um rein philosophische Probleme oder um Träumereien über die ersten Ursachen, wobei ein jeder seiner Phantasie die Zügel schiessen lassen kann. Nein, es sind brennende Fragen, welche berücksichtigt sein wollen und von deren sofortiger Entscheidung das Los eines unserer Mitmenschen abhängt.

Ich gebe mich keineswegs der Illusion hin, als ob es möglich wäre, über diese Fragen vollkommene Übereinstimmung zu erzielen. Ohne Zweifel sind gerechte Ideen unvergänglich; wenn sie auch langsam fortschreiten, können sie doch in ihrem Laufe niemals aufgehalten werden; aber dieser Fortschritt ist ein allzu langsamer, als dass man die Lösung des Problems abwarten möchte. Es wird niemals an Spiritualisten fehlen, welche an den freien und souveränen Willen, an die absolute Verantwortlichkeit glauben werden; sie werden diese alttestamentlichen Ansichten noch lange beibehalten. Andere werden sich dazu verstehen lassen, ihrem Denken einige Freiheit zu gewähren und bis zu einem gewissen Grade sich der Ansteckung mit deterministischen Gedanken preiszugeben. Sie werden ein gewisses Einsehen zeigen, und wofern nicht etwa die Leidenschaft oder die Furcht, die Grundsätze der Moral scheitern zu sehen, ihr Urteil zu trüben droht, werden sie den Einfluss der Heredität und der Erziehung anerkennen und jene unbeständige, zufällige Nachsicht üben, welche oft ungerechter ist als die Strenge eines Orthodoxen. Schliesslich hat es immer eine grosse Menge von Denkern gegeben — und sie wird eine stets wachsende —, welche ihren Forschungstrieb nicht unterdrücken können, welche nur ein Ziel, die Erforschung der Wahrheit, kennen und zur Verfolgung desselben alle Kräfte ihres Gemüts und ihrer Vernunft anstrengen werden.

Diese zwei einander gegenüberstehenden Parteien werden immer bestehen, wie sie von jeher bestanden haben. An ihre Abrüstung ist nicht zu denken.

Sollen die Rechtsgelehrten, welche unsere Strafgesetzbücher entwerfen, darauf warten, bis der Friede geschlossen und die Welt zum Determinismus bekehrt oder unter den Hirtenstab der Kirche zurückgeführt ist?

Nein, das ist unmöglich. Wir haben Gesetze, politische und soziale Institutionen nötig, und sie bauen sich stets auf der Basis der Kompromisse, der gegenseitigen Konzessionen auf. Gegner auf dem Boden der Theorie, können wir uns in praxi die Bruderhand reichen.

Um dieses Ziel zu erreichen, muss meines Erachtens in erster Linie der Zankapfel beseitigt, d. h. das Wort *Verantwortlichkeit* in dem absoluten Sinn, den man ihm beizulegen pflegt, gestrichen werden.

Die soziale Verantwortlichkeit vermengt sich eigentlich mit dem Begriff der Schuldfälligkeit. Die erste Aufgabe der menschlichen Gerechtigkeit besteht im Nachweis des Delikts, der Übertretung der bestehenden Gesetze.

Ohne sich um die moralische Verantwortlichkeit, welche eine rein individuelle Gewissenssache ist, oder um die transzendente Verantwortlichkeit, die eine Frage der Metaphysik darstellt, weiter zu kümmern, hat die Gerechtigkeit nur ein Recht, das zugleich zur Pflicht wird, nämlich das, alles aufzubieten, um sich den verbrecherischen Handlungen zu widersetzen und deren Ausführung zu verhindern, wenn es nicht schon zu spät ist; sie soll endlich einer Wiederholung derselben vorbeugen und sich bemühen, den angerichteten Schaden wieder gut zu machen.

Dieses Unterdrücken von verbrecherischen Handlungen, welches rasch erfolgen muss, wenn es wirksam sein soll, rechtfertigt gewisse strenge Massnahmen, wie Verhaftung, Gefangensetzung, Bestrafung. Aber diese Gerechtigkeit gleicht nicht mehr der Göttin mit verbundenen Augen, welche das Delikt oder Verbrechen abwägt, wobei sie in die andere Wagschale das Gegengewicht zur Herstellung des Gleichgewichts legt.

Das beste Mittel zur Verhütung einer Wiederholung der schlechten Tat ist die Veredlung des Schuldigen, und so wie in der Familie der Vater seinen erzieherischen Einfluss nach dieser Seite hin ausübt, soll die menschliche Gesellschaft in gleicher Weise bemüht sein, auf die Seele des Delinquenten jene günstigen Eindrücke einwirken zu lassen, welche sein innerstes Wesen wieder aufrichten können.

Selbst eine harte Strafe darf zu diesem Zwecke zur Anwendung kommen; sie kann dazu beitragen, den Schuldigen auf den rechten Weg zurückzuführen, und denen, welche sich zu ähnlichen Streichen versucht fühlen sollten, als abschreckendes Warnungsmittel zu dienen. Aber wir fühlen alle, dass eine brutale Ahndung von Delikten, die ausschliesslich die Tat im Auge behält und über die dieselbe begleitenden Umstände absichtlich hinwegsieht, unser moralisches Bewusstsein empört.

Wir unterziehen uns einer Strafe um so williger, je gerechter sie ist und je mehr wir bei dem Vollstrecker die Absicht erkennen, uns auf den rechten Weg zurückzuführen. Umgekehrt unterwerfen wir uns einer Züchtigung mit Unwillen und Empörung, sobald jene von dem Geist der Rache diktiert wurde.

Ganz gewiss müssen die Strafgesetze mit einer gewissen Präzision abgefasst sein, wobei die Delikte katalogisiert und die durch sie bedingten Strafmasse zum voraus festgesetzt werden. Wenn es sich aber um ihre Anwendung handelt, dann gilt es, die Schattierungen richtig zu erfassen, die Motive abzuwägen, die Seelenzustände kritisch zu prüfen und die Strafe meinetwegen innerhalb ganz bestimmter Grenzen variieren zu lassen, die ich indessen immer weiter gezogen sehen möchte, je besser wir die physischen oder moralischen Ursachen des Verbrechertums kennen.

Mag man nun mit allen Fasern Determinist sein oder mag man der menschlichen Freiheit einen mehr oder weniger grossen Spielraum einräumen: in beiden Fällen muss man doch gewisse Wahrheiten anerkennen.

Zunächst liegt auf der Hand, dass viele Verbrecher unter dem Banne der Erblichkeit stehen und zum Verbrechen prädisponiert sind. Die Bezeichnung „geborner Verbrecher" nach *Lombroso* drückt aber diese knechtische Abhängigkeit doch gar zu derb aus. Nein, es gibt keine gebornen Verbrecher, wohl aber Individuen, deren Seelenanlage abnorm ist, und die, wenn sich günstige Gelegenheiten bieten, sich leicht zu strafbaren Handlungen verleiten lassen. Wenn wir sie unausgesetzt vor den Versuchungen bewahren könnten, welche ihre Reaktion bestimmen, — sie blieben harmlose Entartete. Das ist gewiss nicht immer möglich; aber wir fragen: hat die menschliche Gesellschaft alle ihre in diesen Bereich fallenden Pflichten tatsächlich erfüllt? Überwacht sie mit der nötigen Liebe und Hingebung die menschliche Baumschule, wenn dieser Ausdruck gestattet ist? Arbeitet sie mit Eifer an der Heilung der kranken Schösslinge, an der Bewahrung der andern vor Ansteckung? Offenbar nicht!

Es ist noch nicht so lange her, dass dieser Wind wahrer Gerechtigkeit weht, und die menschliche Gesellschaft muss je länger je mehr einsehen lernen, dass, wenn es verbrecherische Individuen gibt, dies darauf beruht, dass sie Tausende von Individuen in materiellem, intellektuellem und moralischem Elend verkümmern lässt. Sie ist noch immer die gleiche pflichtvergessene Rabenmutter, welche die Verantwortung für die Verirrungen ihrer Kinder tragen muss. Sie sollte endlich ihren Fehler einsehen und, wenn sie zum Zweck der Besserung des Schuldigen oder der Verhütung neuer Rückfälle sich zu einem strengen Verfahren gezwungen sieht, dies mit Liebe und in rein erzieherischer Absicht tun.

Das Bewusstsein dieser Wahrheiten ist in alle Kreise gedrungen. Ihm verdanken wir die Entstehung der Besserungsanstalten für jugendliche Verbrecher, der Erziehungsanstalten für verwahrloste Kinder, der Gesellschaften zum Schutze entlassener Sträflinge. Die Auffassung der Strafe als eines Erziehungsmittels hat den segensreichen Gedanken der bedingten Entlassung aufkommen lassen. Die Strafe wird verhängt adäquat dem verübten Delikt; aber in Anbetracht der dabei obwaltenden Umstände und des jetzigen Seelenzustandes des Delinquenten erwirkt die Gesellschaft den Strafnachlass, wofern nicht eine neue Gesetzesübertretung Aufhebung dieses Nachlasses bedingt.

Schon jetzt geht man noch um einen Schritt weiter und versucht ein Verzeihungsgesetz in unsere Gesetzessammlung einzuführen. So gut wie ein Vater seinem Sohne einen Verweis erteilen und ihm die Strafe, die er sich zugezogen, vorhalten, gleichzeitig aber auf deren Vollziehung endgültig verzichten kann in dem Gefühl, dieser Verweis dürfte genügen: ebensogut hat auch die menschliche Gesellschaft das Recht, zu verzeihen. Es ist aber klar, dass ein solches Verzeihungsgesetz schwer zu handhaben ist. Das Billigkeitsgefühl, sollte man denken, muss es einem Vater verbieten, dem einen Sohne gnädige Verzeihung zu gewähren, nachdem er am gleichen Tage einen seiner Brüder wegen des nämlichen Vergehens bestraft hat. Diese Schwierigkeiten der Anwendung des Gesetzes dürfen aber nicht so weit führen, gleich ohne weiteres ein gerechtes Prinzip zu verwerfen.

Immer klarer muss die menschliche Gesellschaft es erkennen, dass das einzige Ziel der Gerechtigkeit die Verhütung des Bösen ist und dass man eine gewissenhafte und geschickte moralische Orthopädie anwenden muss.

Die Gerichtshöfe haben die Frage der Willensfreiheit nicht zu entscheiden, so wenig als die der Verantwortlichkeit im engern

Sinne. Und doch wird gerade diese Frage uns Ärzten in den Kriminalprozessen noch heute gestellt. Und der Arzt antwortet darauf, indem er nun Verantwortlichkeit, relative, halbe Verantwortlichkeit annimmt! In den berühmten Prozessen wohnen wir solchen pfäffischen Diskussionen bei.

Wenn ich als Experte vor Gericht geladen wäre, würde ich die Antwort auf diese ungehörige Frage verweigern, oder vielmehr die Erklärung abgeben: Ihr fragt mich, ob der Angeklagte verantwortlich sei; damit richtet ihr an mich eine Frage aus dem Gebiete der transzendenten Philosophie, die ich in einer gerichtsärztlichen Expertise unmöglich entscheiden kann. Die Diskussion würde doch niemanden überzeugen. Wenn ihr von sozialer Verantwortlichkeit sprecht, so habe nicht ich dieselbe zu erörtern; ihr habt sie bereits festgesetzt durch den Nachweis der Gesetzesübertretung, des Delikts. Was die moralische Verantwortlichkeit betrifft, so fällt sie nur für den Delinquenten selber in Betracht. Dieses intimste Gebiet des Gewissens haben wir nicht zu betreten. Ihr braucht meine Kenntnisse nur, um die geistige Verfassung zu begutachten, welche das Verbrechen veranlasst hat, und um den Impulsen nachzuspüren, welche den Schuldigen zum Handeln brachten. Gut, ich werde versuchen, euch darüber aufzuklären, ob der Kranke die Symptome einer krankhaften Störung aufweist, welche seinen Entschluss zu beeinflussen vermochte. Vielleicht werde ich euch sagen können, ob er Epileptiker ist und die Tat in einem jener Dämmerzustände begangen hat, wie sie bei Epileptikern vorzukommen pflegen; ich werde euch ferner sagen können, ob er Alkoholiker und dem Delirium unterworfen, oder ob er ein Paralytiker sei; ich werde imstande sein, euch die geistigen oder körperlichen Merkmale der Entartung aufzuzählen. Alle die Aufschlüsse, welche meine ärztliche Erfahrung euch zu bieten vermag, sollen nicht dazu dienen, die müssige Frage der Verantwortlichkeit zu beleuchten, sondern die Zweckmässigkeit der Mittel zur Verhütung des Verbrechens festzustellen.

Ist der Angeklagte ein notorischer Epileptiker, der unbewusst, in gänzlicher Umnachtung seines Ich gehandelt hat, so versorget ihn in einer passenden Anstalt, wo er gepflegt und gleichzeitig davor bewahrt wird, Schaden anzurichten. Ist er Alkoholiker, so übergebt ihn einem psychiatrisch gebildeten Spezialisten, oder versetzt ihn in eine Trinker- oder Irrenheilanstalt. Handelt es sich um einen gefährlichen, unverbesserlichen Verbrecher, um ein Raubtier in Menschengestalt, dann bewacht ihn im Zuchthause. Wenn er aber nur ein Gelegenheitsverbrecher ist, so forschet sorgfältig nach den Triebfedern seiner Tat, nehmet Rücksicht auf die Einflüsse, denen er unterworfen war, nicht in dem Sinn — ich wiederhole es —, um seine Verantwortlichkeit (welch sinnloses Wort!) zu eruieren, sondern um die geeignetsten Massnahmen zur bessernden Umstimmung des Betreffenden zu ergreifen und so geradezu dem Verbrechen die Quelle abzugraben. Im einen Fall wird vielleicht der Schuldige ohne Verschlimmerung seiner moralischen Entartung die Strafe hinnehmen, die laut dem Gesetz und seinem eigenen Gefühle dem Masse seiner Schuld entspricht. Aus der Haft entlassen, wird er der erlittenen Strafe gedenken und vielleicht später sogar die Hand segnen, die ihn gezüchtigt hat. Bei vielen andern werdet ihr die demoralisierende Wirkung der Gefangenschaft, der Vermischung mit noch schlimmeren Verbrechern scheuen und das Strafmass mildern. Endlich werdet ihr je länger je häufiger in der Lage sein, dem Kranken die Wohltat der bedingten Entlassung oder der Verzeihung angedeihen zu lassen.

Sind das wirklich lauter Umsturzgedanken? Ich glaube nein, und es dünkt mich, die christlichen Leute vor allem sollten sich der Worte ihres Meisters erinnern, die er mit Bezug auf die Ehebrecherin sprach: „Wer von euch ohne Fehler ist, der werfe den ersten Stein auf sie!"

Es ist heutzutage Mode geworden, die öffentlichen Gebäude mit allegorischen Fresken zu verzieren. Liesse sich nicht jene rührende Szene auf unsern prunkvollen Justizpalästen zweckmässig anbringen? Doch wer weiss, vielleicht würde dieser Anblick bei vielen Beteiligten störende Reflexionen veranlassen; darum beharren wir nicht auf dem Vorschlag!

Die Juristen wollen im allgemeinen nichts von diesen Ansichten wissen. Sie haben einen instinktiven Abscheu vor der kriminellen Anthropologie und sind, wie übrigens wir alle, die Sklaven der ewigen Routine und der Geistesträgheit. Auch hat das Aussehen unserer Gerichtshöfe sich kaum verändert.

Der Generalprokurator, seine Rolle als öffentlicher Ankläger übertreibend, bemüht sich, den Angeklagten möglichst schwarz zu malen, das Entsetzliche, den raffinierten Vorbedacht des Verbrechens recht hervorzuheben; er besteht darauf, dass es dringend geboten sei, ein Exempel zu statuieren, und bittet die Geschwornen, sich nicht durch Erwägungen des Mitleids umstimmen zu lassen.

Der Verteidiger wiederum ereifert sich wie ein Wütender und sucht seinen Klienten weiss zu waschen. Er leugnet die Tatsachen ab, weil die Gegenpartei den absoluten Beweis für dieselben nicht zu erbringen vermocht hat; er weiss geschickt aus allfälligen Fehlern des Prozessverfahrens Nutzen zu ziehen, ersinnt allerhand Ausflüchte, veranlasst Zwischenfälle im Verhör und appelliert zuletzt mit bewegter Stimme an die Milde des Gerichts, wobei die Zuhörerschaft nicht selten in Tränen ausbricht. Unter dem Eindruck so widersprechender Suggestionen geraten die Geschwornen oder die Richter ins Schwanken. War der Redner nicht sehr feurig, so bleiben sie bei ihrer ursprünglichen Ansicht; ihr Urteil war schon ein abgeschlossenes. Aber das gesprochene Wort ist eine Macht, und der Sieg fällt oft demjenigen zu, der die innersten Gefühle zu wecken, das Feuer der Entrüstung zu schüren oder die Herzen unter dem Hauch des Mitleids wie Wachs zu schmelzen versteht. Die Rede-Suggestion bildet keineswegs immer eine Stütze der vernünftigen Überredung, sondern läuft derselben oft direkt zuwider.

Es handelt sich ja keineswegs um eine Beseitigung der Gerichtshöfe oder um ihre gänzliche Umgestaltung. Aber, durchdrungen von der Notwendigkeit der Bekämpfung des Verbrechens durch wirklich wirksame Mittel — vorab durch Verhütung von Rückfällen und durch Besserung des Schuldigen —, sollen Richter und Advokaten hinsichtlich begangener Taten das Schuldmass festzustellen suchen, den Seelenzustand des Delinquenten studieren und die besten Mittel, um zum Ziele zu gelangen, auswählen.

Es sollte eine gewisse Abstufung der Strafen fixiert werden, die sich aber nicht einzig und allein nach der Schwere des Delikts richten dürfte. Es müsste Rücksicht genommen werden auf die Triebfedern der Tat, auf den Seelenzustand des Delinquenten im Augenblick der Verübung des Verbrechens. In der Handhabung dieser Strafbestimmungen dürfte nicht Laxheit mit missbräuchlicher Zubilligung von mildernden Umständen Platz greifen, wohl aber eine klar erwogene Wahl der zweckmässigsten Strafart, sowohl hinsichtlich der mehr idealen Wiederaufrichtung des Schuldigen, als auch mit Bezug auf die mehr praktische Verhütung von verbrecherischen Handlungen.

Der Gerichtshof müsste ein Areopag von Männern aus allen sozialen Klassen und vom Volke gewählt sein. Dabei wäre es gut und natürlich, den Juristen, Medizinern, religiösen oder weltlichen Erziehern den Vorzug zu geben, ohne jedoch jene Männer mit gesundem Verstande zu übergehen, welche man in allen Schichten der Gesellschaft findet, Männer von Erfahrung, die bei ihren Mitbürgern wegen der Unbescholtenheit und Korrektheit ihres öffentlichen und Privatlebens in hohem Ansehen stehen.

Sobald einmal der Staatsanwalt und der Verteidiger sicher sein können, dass der Angeklagte nicht mehr das Opfer einer brutalen Ahndung sein wird, dass er aber ebensowenig Anspruch auf eine unberechtigte Milde erheben kann, werden sie keine Ursache mehr haben, sich gegenseitig von vornherein als Gegner zu betrachten und sich um den Delinquenten zu reissen. Sie werden nicht mehr Angreifer und Verteidiger sein, sondern gemeinsam um die Wette das schwierige Problem zu lösen suchen. Besser über die Einzelheiten des Straffalles orientiert, werden sie die Situation den Richtern klarlegen und deren Urteil weniger durch Wortgepränge, als durch Überredung, welche die Beredsamkeit keineswegs ausschliesst, beeinflussen.

In diesen Diskussionen bleibt kein Platz übrig für das Wort Verantwortlichkeit in dem absoluten Sinne, den man ihm beigelegt hat.

Ich kenne viele Gesetzeskundige, welche zugestehen, dass der Gerichtshof gewissermassen einen Familienrat bilden sollte, der über einen Bruder mit einer gewissen sanften Festigkeit das Urteil sprechen würde; aber sie schrecken vor den Schwierigkeiten der Ausführung zurück. Auch ich verhehle mir sie keineswegs; aber sie sind nicht grösser als bei der Handhabung der jetzt geltenden Gesetze. Der Mangel an einer feinen Nüancierung in unsern Gesetzesbüchern bedingt eine summarische Strafjustiz, deren bittere Ungerechtigkeit wir oft empfinden: *Summum jus, summa injuria!*

Der aus der Schwierigkeit der Aufgabe erwachsende Widerstand ist von keinem Belang und nur eine Frage der Zeit. Was eher Besorgnis erwecken könnte, ist die Auffassungsweise gewisser Juristen. Ich habe irgendwo gelesen, dass ein Professor des Strafrechts in einem Gespräch über die Grenzen der kriminellen Verantwortlichkeit sich folgendermassen geäussert hat: „Ein Verbrecher ist einer, dessen Handlung uns mit Entrüstung erfüllt, ein Irrsinniger dagegen einer, der uns Mitleid einflösst." Wirklich ein überaus massgebendes Kriterium: man zählt bloss die Tränen des Auditoriums, und hat ganz genau den Grad der Verantwortlichkeit des Angeklagten ermittelt!

Man verzeihe mir diese etwas weitläufigen Ausführungen, welche in den Augen vieler als eine unnütze Abschweifung vom Thema erscheinen dürften. Ich finde aber im Gegenteil, dass sie zu meinem Gegenstand in direkter Beziehung stehen, und zwar nicht nur deshalb, weil der Arzt in diesen Fragen als Sachverständiger mitzusprechen hat, sondern weil, wie ich nachzuweisen bemüht war, ganz die gleichen Grundsätze unser Verhalten bei der Beurteilung unserer Mitmenschen bestimmen sollen, mag es sich nun um Erziehung oder um Ahndung von Verbrechen handeln. Der nämliche Gedanke wird uns auf dem Gebiete der Therapie wieder begegnen. Sobald es sich um eine Abweichung von der geistigen Norm handelt, wird man seine Zuflucht zu der moralischen Orthopädie nehmen müssen. Sie kann auf mancherlei Weise ausgeübt werden, darf aber in ihren Bestrebungen nur ein und dasselbe Ziel im Auge behalten.

Hoffen wir, dass eines Tages die von der Anthropologie und Psychologie gelehrten Wahrheiten über den Widerstand der Gewohnheit und der Vorurteile triumphieren werden!

Siebente Vorlesung.

Monistischer Lehrbegriff. — Passivität des Organismus. — Mangel an eigentlicher Spontaneität. — Reflexmechanismus. — Die Psychologie ist im Grunde nur ein Kapitel der Biologie. — Einschaltung der Bewusstseinserscheinungen in den Reflexbogen. — Die Zustände der Seele haben immer ein materielles Substrat. — Ideogene und somatogene Entstehungsweise der Seelenzustände. — Der gegenseitige Einfluss, welchen Psychisches und Physisches aufeinander ausüben. — Die Möglichkeit, auf physischem Wege und durch psychischen Einfluss auf die Seelenzustände einzuwirken; grosse Erfolge des letzteren.

Wie notwendig auch in meinen Augen solche allgemeine Betrachtungen wären, so will ich mich doch dabei nicht länger aufhalten, sondern mich beeilen, wieder auf meinen Gegenstand, d. h. auf die Medizin, zurückzukommen. Ich habe aber eine Medizin des Geistes im Auge, und wir werden nun beständig mit den Bezeichnungen *Geist* und *Körper*, *Psychisches* und *Physisches* zu tun haben, indem alle diese Ausdrücke auf eine Art von Dualität des menschlichen Wesens hindeuten. Wir wollen uns hierüber näher verständigen und die Frage prüfen, was aus den Tatsachen der Psychopathologie wird, wenn man sie im Lichte des Monismus betrachtet.

Im monistischen Sinne aufgefasst, ist der Mensch eine Einheit, ein Organismus, der unter dem Einflusse mannigfaltiger innerer und äusserer Reize funktioniert und reagiert. Der Körper besteht gänzlich aus Zellen; nun aber ist keiner dieser mikroskopisch kleinen Organismen einer spontanen Tätigkeit fähig. Die Zelle agiert nicht, sie reagiert; der gänzliche Mangel an Reizen wäre, physiologisch gesprochen, ihr Tod.

Nehmen wir z. B. die Muskelzelle oder jene Zellenaggregate, die wir Muskeln nennen. Die gestreiften Muskeln gehorchen den vom Gehirn ausgehenden Reizen, dem, was man gemeinhin Willensimpuls nennt. Sie können auf mechanische, chemische und elektrische Reize antworten. Die glatten Muskelfasern der Organe des vegetativen Lebens dagegen sind dem Einflusse des Willens nicht unterworfen, aber ihre Kontraktion wird in gleicher Weise durch direkte oder durch Reflexreize ausgelöst.

Auch das Gehirn selbst, dieser König unter unsern Organen, welcher über die ganze Armee der Muskeln gebieterisch herrscht, verhält sich passiv. Die Hirnzelle besitzt nicht mehr Spontaneität, als die Muskelfaser, aber sie ist sensibler, delikater; sie arbeitet geschickter als jene, und ist einer bedeutend vielseitigeren Aufgabe gewachsen. Auch sie reagiert nur auf bestimmte Reize, auf dumpfe Impulse der organischen Sensibilität, oder auf Reize, welche von unsern fünf Sinnen, diesen feinen Fühlern, die uns mit der Aussenwelt in Verbindung setzen, aufgefangen werden. Die allmählich ersterbenden Zellenvibrationen, ein Resultat vorausgegangener Reize, setzen sich in Form des Traums bis in den Schlaf hinein fort, welcher den Tod des Gehirns darzustellen scheint.

Es ist unmöglich, beim Menschen oder beim Tier die geringste Spur von Spontaneität zu entdecken. Beim Erwachen aus einem tiefen traumlosen Schlafe tauchen die zahllosen Reize auf und weisen der komplizierten Tätigkeit unseres Organismus ihre Aufgaben an. Das Licht des Tages reizt unsere Netzhaut, der Lärm unsere Ohren. Unmittelbar darauf erwachen die Ideenassoziationen. Es ist Aufstehenszeit, und der Gedanke der Pflicht, der Notwendigkeit, sowie die Motive der Vernunft tragen mit mehr oder weniger Leichtigkeit den Sieg davon über unsere Trägheit und unsern Widerwillen gegen das Aufgeben behaglicher Ruhe.

Einmal im Gange, lässt sich diese Gehirntätigkeit durch nichts mehr aufhalten, und bis zur Nacht, wo wir wieder in erquickenden Schlaf sinken, stehen wir unter dem Zwange dieser verschiedenartigen, zahllosen Reize, die von Person zu Person je nach ihrer individuellen geistigen Beschaffenheit wechseln. Wer sich's gerne wohl sein lässt, bleibt bis über die Stunde hinaus, wo seine Pflichten ihn an die Arbeit rufen sollten, im Bette; der eine folgt diesem Hang ohne Bedenken, ein anderer kann etwa aufsteigende Gewissensbisse nicht ganz unterdrücken und macht sich selber Vorwürfe. Dieselben können sich unter Umständen so lebhaft äussern, dass sie ihn mit einem Satz aus dem Bette treiben, ein andermal vermögen sie ihn nicht aus seiner Schlaffheit aufzurütteln. In seinen Tagesgeschäften wird der eine bei allem, was er tut, sich von seinen von den Vorfahren ererbten oder durch die Erziehung erworbenen egoistischen Neigungen beherrschen lassen; ein anderer wird seinen moralischen Empfindungen gehorchen und nur darauf bedacht sein, seine Pflichten zu erfüllen und für die andern zu leben. Alle aber sind die Sklaven ihrer Impulse. Der deterministische Gedanke wird nur dann abstossend, wenn wir annehmen, diese Reaktion könne einzig unter dem Einflusse der schlimmen Triebfedern, im Sinne des Bösen, zustande kommen.

Sobald man erkennt, dass auch Pflichtgefühl und ein idealer Zug diese Reaktion zu beherrschen vermögen, kann meines Erachtens nichts mehr uns hindern, auf die Idee der Willensfreiheit zu verzichten.

Wir sehen vor uns nichts als lebende Wesen, Menschen, die unter dem Einfluss ihrer Leidenschaften, ihrer philosophischen oder religiösen Gedanken, ihrer Vernunft oder ihres Glaubens *reagieren*. Aber das Traurige dabei ist nicht das, dass diese unumgänglich notwendige Passivität überhaupt besteht, sondern dass sie, vermöge der geistigen Beschaffenheit der Spezies, sich nur allzu oft im Sinne des Schlechten manifestiert. Man braucht nur das Eingreifen der edlen Motive zu verstärken, so wird diese glückliche Passivität die moralische Vervollkommnung herbeiführen; sie wird uns dem Ideal näher bringen, wonach wir immer ringen, ohne es jemals zu erreichen. Der physiologische Mechanismus, womit diese Reaktion sich vollzieht, ist im wesentlichen physischer Natur, und dies ist der Grund, warum unsere geistigen Vorstellungen und die daraus folgenden Entschliessungen so oft durch den krankhaften Zustand des Körpers beeinträchtigt werden.

Diese Reaktion macht sich nach dem Typus des Reflexes.

Schon die motorische Reaktion einer Zelle auf einen stattgehabten Reiz ist ein Reflex. Man hat Grund anzunehmen, dass dem motorischen zentrifugalen Vorgang ein sensibler zentripetaler Reiz vorangegangen sei. Wir nennen das plötzliche Zurückziehen einer Extremität, die gekitzelt oder gestochen wird, einen einfachen, medullären Reflex. Derselbe ist so unbewusst, so passiv, dass er sich im natürlichen oder künstlichen Schlafe vollzieht, ebenso bei dem enthirnten Frosch und bei einem Menschen, dessen Rückenmark durchgetrennt ist.

Ein Reflex ist auch die Geberde, womit wir ganz mechanisch den Gruss einer Person erwidern, und zwar ein beinahe unbewusster Reflex, sobald wir in der Zerstreutheit grüssen, dagegen ein etwas komplizierter Reflex, wenn wir rasch mit den Augen des Geistes die Gründe schauen, welche diesen Höflichkeitsakt motivieren.

Stets und unter allen Umständen — mag es sich nun um die Tätigkeit unserer niedrigsten Organe oder um die höchsten geistigen Arbeitsleistungen handeln —, ist es ein und derselbe Mechanismus: ein peripherischer Reiz, der das Ende unserer sensiblen oder Sinnesnerven trifft; dann sukzessive Übertragung auf höhere Zentren, endlich mehr oder weniger von dort ausstrahlende Reflexion auf die sensiblen, motorischen oder gedankenbildenden Zellengruppen.